Manx-Märchen

Sophia Morrison

Writat

Diese Ausgabe erschien im Jahr 2024

ISBN: 9789359942346

Herausgegeben von
Writat
E-Mail: info@writat.com

Inhalt

VORWORT

Es gibt mindestens einen Ort auf der Welt, an dem man immer noch an Feen glaubt und wo man sie, wenn man an den richtigen Orten sucht, noch finden kann, und das ist die kleine Insel, von der diese Geschichten stammen – Ellan Vannin, die Insel von Mann. Aber ich habe ein Wort verwendet, das hier nicht erwähnt werden sollte – sie werden von den Manx nie Feen genannt, sondern sie selbst, oder die kleinen Leute, oder die kleinen Gefährten, oder die kleinen, oder manchmal sogar die kleinen Jungs. Diese kleinen Leute sind nicht die winzigen Wesen mit Flügeln, die in vielen englischen Märchen umherflattern, sondern sie sind kleine Personen mit einer Größe von zwei bis drei Fuß, ansonsten den Sterblichen sehr ähnlich. Sie tragen rote Mützen und grüne Jacken und jagen sehr gern – tatsächlich sieht man sie am häufigsten zu Pferd, gefolgt von Rudeln kleiner Hunde in allen Farben des Regenbogens. Sie neigen eher dazu, boshaft und boshaft zu sein, und deshalb werden sie mit so guten Namen genannt, falls sie zuhören sollten!

Außer diesen Rotkappen-Kleinen Kerlen gibt es noch andere besorgniserregendere Leute. Da ist der Fynoderee, der groß, hässlich, haarig und enorm stark ist, aber nicht so schlimm, wie er aussieht, denn oft hilft er nachts auf der Farm, indem er Mais schlägt. Er mag es nicht, gesehen zu werden. Wenn ein Bauer also möchte, dass seine Arbeit von ihm erledigt wird, muss er darauf achten, dem Fynoderee aus dem Weg zu gehen. Dann, viel hässlicher als Fynoderee, sind die Bugganes, schreckliche und grausame Kreaturen. Sie können in jeder gewünschten Form erscheinen – als Oger mit riesigen Köpfen und großen feurigen Augen oder ohne Kopf; als kleine Hunde, die beim Betrachten immer größer werden, bis sie größer als Elefanten sind, sich dann vielleicht in die Gestalt von Menschen verwandeln oder im Nichts verschwinden; als gehörnte Monster oder was auch immer sie wollen. Jeder Buggane hat seinen eigenen Wohnort – eine dunkle Meereshöhle, einen einsamen Hügel oder eine zerstörte Keeill oder Kirche. Es gibt auch viele andere, aber diese sind die wichtigsten.

Die meisten Geschichten sind traditionell und wurden mündlich vom Vater an den Sohn weitergegeben. Ich schulde denjenigen, aus deren Mund ich sie gehört habe, meinen herzlichen Dank – den Herren. JR Moore, William Cashen, Joe Moore, Ned Quayle und andere. Von den vier Geschichten, die mir nicht persönlich erzählt wurden – Teeval, Kitterland, The Wizard's Palace und Smereree – wurden die ersten drei in verschiedenen Folklorebüchern abgedruckt, und die Manx der letzten erschienen in „Yn Lioar Manninagh". vor einigen Jahren. Abschließend muss ich meiner Freundin Miss Alice Williams für ihre freundliche Hilfe und wertvolle Unterstützung in vielerlei Hinsicht danken.

SOPHIA MORRISON.

Peel, Isle of Mann ,
Oktober 1911 .

SICH

ICH

Es gab einmal einen Mann auf der Isle of Mann, der einen der Little Fellows traf, und der Little Fellow sagte ihm, dass er ein Vermögen finden würde, wenn er zur London Bridge gehen und graben würde. Also ging er, und als er dort ankam, begann er zu graben, und ein anderer Mann kam zu ihm und sagte:

'Was machst du?'

„Einer von ihnen sagte mir, ich solle zur London Bridge kommen und ich würde ein Vermögen bekommen", sagt er. Und der andere Mann sagte:

„Ich habe geträumt, dass ich wieder auf der kleinen Insel war, und ich war in einem Haus mit einem Dornenbaum am Schornstein, und wenn ich dort graben würde, würde ich ein Vermögen finden." Aber ich würde nicht gehen, denn es war nur Dummheit.'

Dann erzählte er ihm so deutlich von dem Haus, dass der erste Mann wusste, dass es sein eigenes war, und ging zurück zur Insel. Als er nach Hause kam, grub er unter dem kleinen Dornenbaum neben dem Schornstein und fand eine Eisenkiste. Er öffnete die Kiste und sie war voller Gold und darin befand sich ein Brief, aber er konnte den Brief nicht lesen, weil er in einer Fremdsprache war. Also legte er es in das Schmiedefenster und forderte jeden Gelehrten, der vorbeikam, auf, es zu lesen. Keiner von ihnen konnte es, aber schließlich sagte ein großer Junge, es sei Latein und es bedeute:

„Grabe noch einmal und du wirst einen anderen finden."

Da grub der Mann noch einmal unter dem Dornenbaum, und was fand er außer einer weiteren Eisenkiste voller Gold!

Und von diesem Tag an bis zu seinem Tod öffnete dieser Mann vor dem Schlafengehen die Haustür und rief: „Mein Segen mit den Little Fellows!"

II

Hier ist eine wahre Geschichte, die mir ein Mann namens James Moore erzählte, als ich eines Abends mit ihm am Feuer saß. Er sagte:

„Ich glaube nicht besonders an die meisten Geschichten, die manche erzählen, aber schließlich kann ein Körper nicht anders, als etwas zu glauben, was er zufällig selbst sieht."

„Ich erinnere mich an eine Winternacht – wir wohnten damals in einem Haus, das für den Bau des Riesenrads abgerissen wurde. Es war ein strohgedecktes Haus mit zwei Räumen und einer etwa zwei Meter hohen Mauer, die sie trennte, und von da aus war es offen für die Scrahs oder Torfs, die über die Sparren gelegt waren. Meine Mutter saß am Feuer und war mit Spinnen beschäftigt, und mein Vater saß auf dem großen Stuhl am Ende des Tisches und nahm für uns ein Kapitel aus der Manx-Bibel. Mein Bruder war damit beschäftigt, eine Spule aufzuwickeln, und ich arbeitete mit einem Bündel Leng und versuchte, zwei oder drei Stifte herzustellen.

„Heute Nacht gibt es einen schrecklichen Glanz“, sagte meine Mutter und blickte ins Feuer. „Und der Regen prasselt durch den Schornstein!“

„Ja“, sagte mein Vater und klappte die Bibel zu; „Und wir sollten besser bald ins Bett gehen und den Kleinen etwas Schutz bieten.“

„Also machten wir uns alle fertig und gingen zu Bett.

„Irgendwann in der Nacht weckte mich mein Bruder mit einem:

„Sch-sch! Hör zu, Junge, und sieh dir das große Licht in der Küche an!“ Dann rieb er sich ein wenig die Augen und flüsterte:

„Was macht Mutter jetzt überhaupt?“

'"Hören!" Ich sagte. „Und du wirst Mutter im Bett hören, sie ist es überhaupt nicht; Es müssen die Kleinen sein, die der Achat vom Rad sind!“

„Und wir bekamen beide Angst und fielen mit dem Kopf unter die Kleidung und schliefen ein.“ Als wir morgens aufstanden, erzählten wir ihnen als Erstes, was wir gesehen hatten.

„Ach, wie genug, wie genug“, sagte mein Vater und schaute auf das Lenkrad. „Offenbar hat deine Mutter letzte Nacht vergessen, das Band abzunehmen, wovor die Leute vorsichtig sein sollten, denn es gibt sich selbst die Macht über das Rad, und obwohl sie es ganz gut meinen, ist die Spinnerei, die sie machen, nichts ' um damit zu prahlen. Der Weber schimpft ständig über seine Arbeit und die schlechten Verbindungen, die er in den Rollen herstellt.“

„Ich erinnere mich noch genau daran wie gestern – das große Licht, das auf sie gerichtet war, und das Surren, das da vor sich ging. Und jeder soll sagen, was er will, das habe ich selbst gesehen und gehört.“

III

Eines Abends ging ein junger Mann, der seine Zeit als Weber verbüßte, spät von Douglas nach Glen Meay nach Hause. Er hatte oft damit geprahlt, dass er noch nie eines der kleinen Leute gesehen hatte. Nun, diese Nacht kam er die St. John's Road entlang, und als er sich dem Fluss näherte, stand ein großer, großer Bulle vor ihm auf der anderen Straßenseite. Er nahm seinen Stock und versetzte ihm einen kräftigen Schlag. Es ging in den Fluss und er sah es nie mehr.

Als er danach an der Parson's Bridge ankam, traf er auf ein kleines Ding, das einem Spinnrad ähnelte, und dort, wo die Spule war, saß ein ganz kleiner Körper. Nun hob er seinen Stock erneut und versetzte dem kleinen Körper, der auf der Spule saß, mit seinem Stock einen kräftigen Schlag. Der kleine Körper sagte zu ihm:

„Ny Jean Shen Arragh!" was bedeutet: „Mach das nicht noch einmal!"

Dann ging er weiter, bis er Glen Meay erreichte und erzählte, was er dort in einem Haus gesehen hatte. Dann sagte ein anderer Mann, er habe die kleine alte Frau gesehen, die oben auf der Spule des Spinnrads saß und im Dunkeln den Raby Hill herunterkam. Es dauerte also lange, denn der erste Mann traf sie um sechs und der zweite um elf, und zwischen den beiden Orten liegen keine zwei Meilen.

Als die Zyklen kamen, sagten sie also, dass die kleinen Leute vor ihnen gewesen seien! Und das ist eine wahre Geschichte.

DER BUGGANE OF GLEN MEAY WASSERFALL

Es lebte einmal eine Frau in der Nähe von Glen Meay, und sie war die Frau eines anständigen, ruhigen und ehrgeizigen Mannes aus diesem Ort. Es gab niemanden außer ihr und dem Mann, und sie hatten ein hübsches kleines Häuschen und besaßen eine Art Bauernhof, auf dem sie eine Kuh und ein paar Schafe weiden ließen und genug Kartoffeln anbauten, um den Winter draußen zu verbringen; und der Mann hatte eine Jolle und ging zum Fischen, wenn es an Land nicht gut ging. Aber obwohl sie sich nicht wohl fühlten, weil der Mann auf dem Bauernhof und beim Fischfang so hart arbeiten musste, wurde er von einer faulen Frau genauso arm gehalten wie Lazarus.

Denn die Frau lag morgens lieber im Bett, als an ihrem Melkstuhl zu sitzen; Tatsächlich behaupteten die Nachbarn, sie habe mehr Decken als Schuhe getragen. An manchen Tagen ging ihr Mann hungrig wie ein Falke früh aus dem Haus, ohne einen Bissen oder einen Schluck zu essen. Eines Morgens, als er zum Frühstück von der Arbeit kam, brannte kein Feuer – seine Frau war nie wach. Nun, meinem armen Mann blieb nichts anderes übrig, als sein eigenes Frühstück vorzubereiten und sich wieder an die Arbeit zu machen. Als er zum Abendessen hereinkam, geschah es wie beim Frühstück.

‚Pech für ihre Faulheit', dachte er; „Das könnte ein Trost für einen armen Mann sein, aber ich werde ihr dafür einen Streich spielen."
Und damit holte er einen Balken Stroh und verstopfte die beiden Fenster seines Hauses. Dann ging er wieder seiner Arbeit nach.
Die Sonne war noch nicht untergegangen, als er abends nach Hause kam. Seine Frau lag im Bett und wartete auf den Tag.
„Ach, Frau", schrie er, „beeil dich und steh auf, um zu sehen, wie die Sonne im Westen aufgeht."
Die Frau sprang auf und rannte zur Tür, gerade als die Sonne unterging, und der Anblick erschreckte sie. Der ganze Himmel sah aus wie Feuer und sie dachte, dass das Ende der Welt gekommen sei. Aber am nächsten Morgen geschah alles wie zuvor, und er selbst sagte zu ihr:
„Kirry, es ist tatsächlich der Buggane, der dich eines Tages haben wird, wenn du dich nicht besserst!"
„Welcher Buggane?" sagte sie.
„Stell mir keine Fragen", sagte er, „und ich werde dir keine Lügen erzählen."
Aber es ist der große, schwarze, haarige Kerl, der unter dem Spooyt Vooar liegt, den ich meine."
„Ach, hey, deine Zunge, Mann; „Du machst mir keine Angst mit deinen Bugganes", schrie die Frau.

Am Abend verließ der Mann das Haus, um zum Angeln zu gehen. Sobald er gegangen war, kam der Frau die Idee, etwas zu backen, da sie nur noch den

Rest des Laibs zum Frühstück übrig hatte. Nun, sie können es nicht ertragen, faul zu sein, und das Backen nach Sonnenuntergang ist das Einzige, was sie nicht ertragen. Wer das tut, wird ihre Rache erleiden – sie werden mit Sicherheit etwas nehmen, aber selten schlimmer als einige der lebenden Tiere. Nun machte sich die Frau an die Arbeit, um Gerstenbrot und Mehlkuchen zu backen. Zuerst ging sie hinaus, um Ginster zu holen, den er unter die Bratpfanne legen konnte, und schob beim Eintreten den Riegel an der Tür auf, damit keiner der Nachbarn sie erwischen und sich schämen würde, weil sie nach Sonnenuntergang gebacken hatte. Sie holte etwas Mehl aus dem Fass und stellte es auf den runden Tisch, gab Salz und Wasser darauf, und dann knetete sie das Mehl und formte mit ihren Händen einen Kuchen aus, der so dünn war wie Sixpence. Aber sie war nur eine mittelmäßige Bäckerin, eine von der Sorte, die ein Messer benutzen muss, um den Kuchen richtig rund zu machen. Sie hatte den Kuchen zweimal gewendet, ihn herausgenommen und die Bratpfanne mit einem weißen Gänseflügel bestrichen, bereit für den nächsten Kuchen, den sie gerade mit ihrem Messer umschnitt. In diesem Moment hörte man das Geräusch von etwas Schwerem, das zur Tür hinaufpolterte. Nach ein paar Sekunden fummelte ETWAS am Türriegel herum, dann klopfte ETWAS hoch oben an der Tür, und man hörte eine Stimme wie die dicke, schroffe Stimme eines Riesen, die sagte: „Öffne, öffne für mich." Sie gab keine Antwort. Wieder ertönte ein lautes Klopfen und man hörte eine große, heisere Stimme, die schrie: „Frau des Hauses, öffne für mich." Dann sprang die Tür auf und siehe, was sollte sie sehen außer einem großen, großen, hässlichen Biest von einem Buggane, der wahnsinnig vor Wut hereinstürmte. Ohne auch nur ein „Mit Ihrer Erlaubnis" zu sagen, packte er sie einmal, packte sie an ihrer Schürze und schwang sie auf seine Schulter und mit ihm davon. Bevor sie wusste, wo sie war, hetzte er sie über die Felder und den Hügel hinunter, bis er sie auf den Gipfel des Spooyt Vooar brachte, dem großen Wasserfall von Glen Meay. Als der Buggane den Hügel hinunterraste, spürte die Frau, wie der Boden unter seinen Füßen bebte, und das Rauschen des Wasserfalls erfüllte ihre Ohren. Und dort vor ihr sah sie, wie sich der Bach in weiße Gischt verwandelte, als er die Felsen hinuntersprang. Als der Buggane sie in die Luft schwang, um sie in das tiefe Becken zu werfen, dachte sie, dass ihre letzte Stunde gekommen sei. Dann fiel ihr plötzlich das Messer ein, das sie in der Hand hielt! Schnell schnitt sie die Schnur ihrer Schürze durch, stürzte zu Boden und rollte immer wieder den Hügel hinunter. Und bevor er wusste, wo er war, stürzte der Buggane mit der Geschwindigkeit, die er hatte, kopfüber nach vorne und den rauschenden Spooyt Vooar hinab. Als er Hals über Kopf mit einem Souse, das man aus einer Entfernung von einer halben Meile gehört hätte, auf den Grund des Beckens hinabstürzte, hörte sie, wie er laut aufbrüllte:

Rumbyl, Rumbyl, Sambyl,

Ich dachte, ich hätte einen faulen Dreck,

Und ich habe nur den Rand ihres Rocks.

Und das war das Letzte, was man von diesem Kerl sah!

Wie die Manx-Katze ihren Schwanz verlor

Als Noah die Tiere in die Arche rief, war eine Katze auf der Mause und achtete nicht darauf, als er sie rief. Sie war eine gute Mauserin, aber dieses Mal hatte sie Schwierigkeiten, eine Maus zu finden, und sie kam zu dem Schluss, dass sie nicht ohne eine in die Arche gehen würde.

Als Noah schließlich alle Tiere sicher im Haus hatte und sah, wie der Regen zu fallen begann und kein Anzeichen von ihrer Ankunft zu sehen war, sagte er:

„Wer draußen ist, ist draußen, und wer drin ist, ist drin!" Und damit war er gerade dabei, die Tür zu schließen, als die Katze angerannt kam, halb ertrunken – deshalb hassen Katzen das Wasser – und sich gerade noch rechtzeitig hineinzwängte. Aber Noah hatte die Tür zugeschlagen, als sie hineinlief, und sie hatte ihr den Schwanz abgeschnitten, sodass sie ohne ihn hineinkam, und deshalb haben Manx-Katzen bis heute keinen Schwanz. Diese Katze sagte:

Bee bo, biege es,

Mein Schwanz ist zu Ende,

Und ich gehe zu Mann

Und hol dir Kupfernägel,

Und es reparieren.

DIE HERSTELLUNG VON MANN

Vor Tausenden von Jahren, zur Zeit der Riesenschlachten in Irland, kämpfte Finn Mac Cooil mit einem großen, rothaarigen schottischen Riesen, der herbeigekommen war, um ihn herauszufordern. Er schlug ihn und jagte ihn nach Osten in Richtung Meer. Aber der schottische Riese war ein schnellerer Läufer und fing an, ihm voraus zu sein, also bückte sich Finn, der Angst hatte, er würde ins Meer springen und entkommen, und packte eine große Handvoll irischer Erde, um sie auf ihn zu werfen. Er warf es, verfehlte aber seinen Feind und der große Erdklumpen fiel mitten in die Irische See. Es ist die Isle of Mann, und das große Loch, das Finn dort gemacht und zerrissen hat, ist Lough Neagh.

Damals gab es in Irland neben Riesen auch Männer, und für einige von ihnen schien es anders zu sein. Männer verstehen nicht immer die Taten von Riesen, denn sie leben sozusagen in den Fußstapfen der Riesen. Es scheint, dass sich die irischen Stämme zu dieser Zeit in zwei großen Truppen versammelt hatten, um sich auf den Angriff auf die Plünderer vorzubereiten, die Schottland verlassen hatten und an ihrer eigenen Küste am Werk waren. Ihr Blut wurde zu heiß und sie gingen in regelrechtem Ernst aufeinander los, um zu zeigen, wie sie mit den Schurken umgehen würden, wenn sie kämen. Zu ihrer Verwirrung, denn sie verloren die Kontrolle über sich selbst, gerieten sie in sumpfiges Gelände und gerieten in große Gefahr. Als die Anführer sahen, dass dies einen großen Verlust an Menschenleben bedeuten würde, versammelten sie alle ihre Männer auf einem großen Stück trockenen Bodens, der sich zufällig im Moorland befand, als plötzlich Dunkelheit über ihnen und dem Boden hereinbrach begann zu beben und zu zittern unter dem Gewicht der Menschen und der Aufregung, die sie erregten, und dann verschwand es mit allen Menschen. Einige sagten, es sei in die Tiefe gestürzt und mit den Menschen darauf im Sumpf versunken. Andere sagten, es sei angehoben worden und die Menschen darauf seien in den Sumpf gefallen. Zweifellos machte es die Dunkelheit, die durch Finns Hand verursacht wurde, schwer zu erkennen, wie es passierte. Wie dem auch sei, eine Weile später sagten sie, das Meer sei fürchterlich wogend und die Männer in den Booten müssten sich an der Seite festhalten, sonst wären sie hinausgeworfen worden. Und siehe, ein paar Tage später wurde mitten im Meer ein Land gesehen, wo noch nie zuvor ein Mensch etwas Vergleichbares gesehen hatte.

Sie wissen vielleicht, dass diese Geschichte wahr ist, weil die Iren die Isle of Mann immer als ein Stück ihres eigenen Landes betrachtet haben. Man sagt, als der heilige Patrick den Segen Gottes auf den Boden Irlands und alle Lebewesen, die darauf leben könnten, legte, spürte man gleichzeitig die Kraft dieses Segens auf der Insel.

Der heilige Patrick war ein mächtiger Mann,

Er war ein so kluger Heiliger,

Er drehte die Schlangen und Kröten um!

Und verbannte sie für immer.

Und es gibt bis heute Beweise dafür, dass dieses Sprichwort wahr ist, denn während in England solch scheußliche Wesen leben, können sie auf dem gesegneten Boden nicht frei atmen.

Die Insel war damals viel größer als heute, aber der Zauberer, der eine Zeit lang über sie herrschte, ließ aus Rache an einem seiner Feinde einen wütenden Wind in der Luft und im Schoß der Erde erwecken. Dieser Wind riss mehrere Stücke vom Land ab und warf sie ins Meer. Sie schwammen herum und verwandelten sich in die gefährlichen Felsen, die heute von Schiffen so sehr gefürchtet werden. Die kleineren Stücke wurden zu Flugsand, der die Küste wogt und manchmal sichtbar ist und manchmal verschwindet. Später wurde die Insel als Ellan Sheaynt, die Insel des Friedens oder die Heilige Insel bekannt. Es war ein Ort, an dem es immer Sonnenschein gab und das Gesang der Vögel, der Duft süßer Blumen und das ganze Jahr über blühende Apfelbäume. Es gab dort immer genug zu essen und zu trinken, und die Pferde dort waren gut und die Frauen wunderschön.

DAS KOMMEN DES HEILIGEN PATRICK

Es war die Zeit, als der Heilige Patrick zu Pferd über das Meer von Irland nach Mann kam. Als er sich dem Land näherte, sprach Manannan Mac y Leirr, der große Zauberer, der über Mann herrschte, einen Zauber aus, der die Luft rund um die Insel mit Nebel verdichtete, so dass weder Sonne noch Himmel, noch Meer oder Land es konnten gesehen werden. Patrick ritt mitten in den Nebel, aber so sehr er sich auch anstrengte, er konnte keinen Ausweg finden, und hinter ihm wartete ein großes Meerestier darauf, ihn zu verschlingen. Er wusste mit seinen sieben Sinnen nicht, wo er war – im Osten oder im Westen – und wollte umkehren, als der Schrei eines Brachvogels an seine Ohren drang und rief:

„Komm du, komm du, komm du!"

Dann sagte er sich:

„Der Brachvogel wird zwischen den Felsen fressen; Sie wird nach ihren Jungen rufen.'

Danach hörte er das Blöken einer Ziege:

„Vorsicht, Vorsicht, Vorsicht!"

Und er sagte sich:

„Wo die Ziege blökt, weil ihr Junge fallen soll, wird es einen steilen Hügel geben."

Zuletzt hörte er das Krähen eines Hahns:

„Komm zu uns – komm, komm!"

Dann sagte Patrick:

„Ich glaube an mich, ich bin wieder zurück in Peel Hill."

Und damit machte er einen Satz auf die kleine Insel und setzte sein Pferd auf den steilen Felsen. Bald stand er tatsächlich auf dem Gipfel des Peel Hill. Als er dort stand, rief er:

„Ich segne den Großen Brachvogel." Kein Mann mehr wird ihr Nest finden!'

„Ich segne die Ziege, und kein Mann darf zusehen, wie sie ihre Jungen zur Welt bringt!"

„Ich segne den Hahn, und er wird im Morgengrauen krähen, immer zur gleichen Stunde!"

Er verfluchte das Meerestier und verwandelte es in einen festen Felsen, und da liegt er jetzt mit seiner großen Flosse auf dem Rücken.

Wo die Hufe des Pferdes die Spitze des Hügels berührten, entsprang ein Brunnen mit reinem Wasser, aus dem Mensch und Pferd tranken. Bis heute wird er der Heilige Brunnen des Heiligen Patrick genannt. Wenn Sie zu den Felsvorsprüngen hinuntergehen, die durch die Hufe des Pferdes entstanden sind, als es hinaufkletterte, können Sie möglicherweise noch die Fußabdrücke sehen.

Als Patrick sich umsah, lichtete sich der Nebel und er sah eine große Schar Krieger um Manannans Feenhügel herum, auf deren Speere die ersten Strahlen der aufgehenden Sonne fielen. Aber der Heilige wusste, dass es sich um Phantome handelte, die durch Manannans magische Kraft erweckt wurden, und befahl ihnen, zu verschwinden.

Und siehe, sie und ihr Herr in der Gestalt von dreibeinigen Männern wirbelten wie Räder im Kreis vor dem schnellen Wind, der sie nicht einholen konnte, bis sie Spanish Head erreichten. Dort wirbelten sie so schnell und leichtfüßig über die Houghs, dass die Möwen auf den Felsvorsprüngen unten nicht gestört wurden, dann weiter über die raue, graue Irische See, bis sie die verzauberte Insel erreichten, fünfzehn Meilen südwestlich des Calf. Dort ließ Manannan die Insel auf den Meeresgrund fallen, und man sah ihn und seine Begleitung nicht mehr.

Der heilige Patrick stand auf seinem schneeweißen Pferd still auf dem Peel Hill und segnete die Insel, auf der er Land berührt hatte, und segnete sie bis zum heutigen Tag. Dann sprang er auf die kleine Insel, die er unter sich sah. Seitdem heißt sie St. Patrick's Isle, und von den Felsen an ihrer Nordseite aus beobachtete er den heftigen Sturm, den Manannans Weg verursacht hatte. In diesem Moment fuhr ein tapferes Schiff ohne Vor- und Großsegel direkt auf die schrecklichen Felsen zu. Der heilige Patrick hob seine gepanzerte Hand und der Sturm beruhigte sich. Das gute Schiff richtete sich wieder auf und die Menschen an Bord wurden gerettet. Sie blickten voller Ehrfurcht und Dankbarkeit zu dem Reiter in seiner glänzenden Rüstung auf dem schneeweißen Ross auf, der sich strahlend von der Schwärze der Felsen abhob. Und seit diesem Tag hat der Fischer, während er am Horse Rock vorbeisegelt, mit seiner Mütze dieses kleine Gebet an den guten Heiligen Patrick gerichtet:

Heiliger Patrick, der unsere Insel gesegnet hat, segne uns und unser Boot,

Geht gut raus, kommt besser rein,

Mit Lebenden und Toten im Boot.

WIE DER HERING ZUM KÖNIG DER MEERE WURDE

Die alten Fischer der Insel erzählen, dass sich die Fische vor vielen Jahren trafen, um sich einen König zu wählen, denn sie hatten keinen Herrscher, der ihnen sagen konnte, was richtig war. Wahrscheinlich lag ihr Treffpunkt abseits der Schulter, südlich des Kalbs. Sie alle zeigten sich von ihrer besten Seite – da war Kapitän Jiarg, der Rote Gurnet, in seinem feinen purpurroten Mantel; Graues Pferd, der Hai, groß und grausam; der Bollan in seinen leuchtendsten Farben; Dirty Peggy, der Tintenfisch, zeigt ihr schönstes Gesicht; Athag, der Schellfisch, der versucht, die schwarzen Flecken auszuradieren, die der Teufel auf ihm gebrannt hat, als er ihn mit Finger und Daumen ergriff, und alles andere. Jeder dachte, er könnte ausgewählt werden.

Der Fisch hatte die feste Absicht, Brac Gorm, die Makrele, zum König zu machen. Er wusste das, und er ging hin und malte wunderschöne Linien und Streifen auf sich selbst – Rosa und Grün und Gold und alle Farben des Meeres und des Himmels. Dann dachte er an Diamanten von sich. Aber als er kam, sah er so großartig aus, dass sie ihn nicht kannten. Also sagten sie, er sei künstlich und würde nichts mit ihm zu tun haben.

Am Ende war es Skeddan, der Hering, der kleine silberne Kerl, der zum König der Meere ernannt wurde.

Als alles vorbei war, kam der Fluke zu spät, um seine Stimme abzugeben, und alle riefen:

„Du hast die Flut verpasst, meine Schönheit!"

Anscheinend war er so sehr damit beschäftigt gewesen, sich zu erfrischen und sich an manchen Stellen rot nachzubessern, dass er vergaß, wie die Zeit verging. Als er feststellte, dass der Hering ausgewählt worden war, verzog er den Mund und sagte:

„Und was soll ich dann sein?"

„Nimm das", sagt Scarrag der Schlittschuh, richtet seinen Schwanz auf und gibt dem Fluke einen Schlag auf den Mund, der ihn mit schiefem Mund umwirft. Und so ist es seitdem.

Und vielleicht liegt es daran, dass der Hering als König der Meere so viel Ansehen unter den Menschen genießt. Sogar die Deemster sagen, wenn sie ihren Eid leisten: „Ich werde Gerechtigkeit üben, so gleichgültig, wie das Rückgrat des Herings inmitten des Fisches liegt."

Und die Manx-Leute werden die Heringsknochen nicht im Feuer verbrennen, für den Fall, dass der Hering es spüren sollte. Man darf auch nicht vergessen, dass der beste Hering der Welt an diesem Ort vor der Schulter gefangen wird, wo die Fische ihr großes Treffen abhielten, und das liegt daran, dass er nicht weit von Manannans verzauberter Insel entfernt ist.

DER SILBERBECHER

Im Süden der Insel lebte einst ein Mann namens Colcheragh. Er war Bauer und hatte Geflügel auf seiner Straße, Schafe auf dem Berg und Rinder auf den Wiesen am Flussufer.

Seine Kühe waren die besten Kühe der Gemeinde. Nirgendwo konnte man ein so schönes Stück Vieh sehen wie bei ihm; Sie waren der Stolz seines Herzens und sie dienten ihm gut mit Milch und Butter.

Aber nach einer Weile begann er zu glauben, dass mit den Kühen etwas nicht stimmte. Er ging jeden Morgen als Erstes zum Kuhstall und eines Morgens bemerkte er, dass die Kühe so müde aussahen, dass sie kaum stehen konnten. Als es zur Melkzeit kam, fanden sie keinen Tropfen Milch. Die Mädchen, die hinausgingen, um die Kühe zu melken, kamen mit leeren Dosen zurück und sagten:

„Die Milch ist in die Hörner der Kühe gestiegen!"

Colcheragh begann zu glauben, dass jemand einen bösen Blick auf seine Kühe geworfen hatte, also fegte er mit einer Schaufel etwas Staub von den nahegelegenen Kreuzungen auf und streute ihn auf ihre Rücken. Aber den Kühen ging es nicht besser. Dann fragte er sich, ob nachts jemand kommen würde, um die Milch zu stehlen. Er beschloss, die ganze Nacht im Kuhstall zu sitzen, um zu sehen, ob er den Dieb fangen könnte.

Eines Nachts, nachdem alle zu Bett gegangen waren, kroch er aus dem Haus und versteckte sich unter etwas Stroh in einer Ecke des Kuhstalls. Stunde um Stunde verging die dunkle, einsame Nacht, und er hörte nichts als das Atmen der Kühe und ihr Rascheln im Stroh. Ihm war sehr kalt und steif, und er hatte sich gerade vorgenommen, ins Haus zu gehen, als ein schimmerndes Licht unter der Tür erschien; Und dann hörte er die Dinge lachen und reden – seltsames Gerede – und wusste, dass es nicht die richtigen Leute waren. Die Tür des Kuhstalls öffnete sich und herein kamen eine ganze Menge kleiner Männer, gekleidet in grüne Mäntel und Ledermützen. Als er durch das Stroh schlüpfte, sah er ihre Hörner an der Seite hängen, ihre Peitschen in ihren Händen und Dutzende kleiner Hunde in allen Farben – grün, blau, gelb, scharlachrot und in jeder erdenklichen Farbe – auf ihren Fersen. Die Kühe lagen. Die kleinen Kerle lösten die Joche vom Hals der Kühe, hüpften auf ihre Rücken, vielleicht ein Dutzend auf jede Kuh, und ließen ihre kleinen Peitschen knallen. Die Kühe sprangen auf und galoppierten selbst davon!

Colcheragh rannte zum Stall, stieg auf ein Pferd und jagte seinen Kühen nach. Die Nacht war dunkel, aber er konnte das Sausen der kleinen Peitschen durch die Luft hören, das Klicken der Hufe der Kühe auf Steinen und die kleinen Hunde, die sagten:

„Ja, ja, ja!"

Er hörte auch ihr eigenes Lachen. Dann würde einer von ihnen den Hunden etwas vorsingen, sie beim Namen rufen und einen Ruf von sich geben:

„Ho la, ho la, la!"

Colcheragh folgte diesen Geräuschen und blieb ihnen dicht auf den Fersen. Sie gingen weiter und weiter, kopfüber über Hecken und über Gräben, bis sie den Fairy Hill erreichten, und Colcheragh folgte ihnen immer noch, obwohl er in jeder anderen Nacht nicht näher als eine Meile an den großen grünen Hügel herangekommen wäre. Als die Little Fellows den Hügel erreichten, bliesen sie ein Tan-ta-ra-ra-tan auf ihren Hörnern. Der Hügel öffnete sich, helles Licht strömte heraus und Musik und große Heiterkeit erklangen. Sie selbst gingen durch, und Colcheragh rutschte von seinem Pferd und schlüpfte unbemerkt hinter ihnen her. Der Hügel schloss sich hinter ihnen und er befand sich in einem schönen Raum, der heller erleuchtet war als der Sommermittag. Der ganze Ort war voller kleiner Leute, jung und alt, Männer und Frauen, alle für einen Ball geschmückt, so großartig – so etwas hatte er noch nie gesehen. Unter ihnen waren einige Gesichter, von denen er glaubte, sie schon einmal gesehen zu haben, aber er achtete weder auf sie noch auf ihn. In einem Teil wurde zur Musik von Hom Mooar – so hieß der Geiger – getanzt, und wenn er spielte, mussten alle Männer ihm folgen, ob sie wollten oder nicht. Der Tanz war wie der Tanz der Blumen im Wind, ein Tanz, wie er ihn noch nie zuvor gesehen hatte.

In einem anderen Teil wurden seine Kühe geschlachtet und geröstet, und nach dem Tanz gab es ein großes Festmahl mit Dutzenden von Tischen, die mit Silber und Gold gedeckt waren, und allem Besten zum Essen und Trinken. Es gab Gebratenes und Gekochtes, Sollaghan und Kauri, Pudding, Pasteten, Jough und Wein – ein Fest, das für den Gouverneur selbst würdig war. Als sie ihre Plätze einnahmen, flüsterte einer von ihnen, dessen Gesicht er zu kennen glaubte, zu ihm: „Koste hier nichts, sonst wirst du wie ich sein und nie mehr zu dir zurückkehren."

Colcheragh beschloss, diesen Rat zu befolgen. Als das Fest zu Ende ging, ertönte ein Ruf nach den Jough-y-dorrys, dem Steigbügelpokal. Jemand rannte los, um den Becher zu holen. Derjenige unter den Kleinen Leuten, der ihr König zu sein schien, füllte es mit Rotwein, trank selbst und reichte es an die anderen weiter. Es ging von einem zum anderen, bis es zu Colcheragh kam, der, als er es in seinen Händen hielt, sah, dass es aus fein geschnitztem Silber war und schöner als alles, was man jemals außerhalb dieses Ortes gesehen hatte. Er sagte sich: „Die kleinen Durts haben mein Vieh gestohlen, getötet und gefressen – dieser Kelch, wenn er mir gehörte, würde mich für alles bezahlen." Also stand er auf, ergriff den silbernen Becher fest in seiner Hand, hielt ihn hoch und sagte:

„Shoh Slaynt!" Das ist der Manx-Toast.

Dann schüttete er den Kelch Wein über sich selbst und die Lichter. Einen Augenblick später lag der Ort in schwarzer Dunkelheit, bis auf einen Hauch grauen Morgenlichts, das durch den Spalt der halbgeschlossenen Tür fiel. Colcheragh machte sich mit der Tasse in der Hand auf den Weg dorthin, schlug die Tür hinter sich zu und rannte um sein Leben.

Nach einem Moment des Aufruhrs verfehlten sie den Pokal und Colcheragh, und unter Wutschreien strömten sie in voller Verfolgungsjagd aus dem Hügel hinter ihm her. Der Bauer, der einen guten Start hatte, lief wie noch nie zuvor. Er wusste, dass er von ihnen nur wenig Gnade erfahren würde, wenn er erwischt würde; er planschte durch den nassen Schlamm und hielt sich von den Trittsteinen fern; Er wusste, dass sie ihn nicht ins Wasser bringen konnten. Er schaute über seine Schulter und erhaschte einen Blick auf die gesamte Mob Beg hinter sich, die ihm dicht auf den Fersen war und ihre nackten Arme im Licht der Fackel schwenkte, die jeder hochhielt. Sie kamen heran und kreischten und heulten auf Manx:

Colcheragh, Colcheragh,

Setze deinen Fuß auf den Stein,

Und nicht ins Nasse legen!

Aber er lief im Wasser, bis er zum Kirchhof kam, und dort konnten sie ihn nicht anfassen. Als er am nächsten Morgen in den Kuhstall ging, waren die Kühe alle nach Hause gekommen und ruhten sich danach aus.

Er stellte den Kelch in die Kirche von Rushen, und es heißt, er habe dort viele Jahre lang gestanden; dann wurde es nach London geschickt. Es heißt, dass der Bauer danach abends nach Einbruch der Dunkelheit sein Haus nicht mehr verließ.

DAS KIND OHNE NAMEN

Es ist viele, viele Jahre her, dass die Erbin der Eary Cushlin Farm ein kleines Kind bekam. Eary Cushlin ist ein furchtbar einsamer Ort; Es steht hoch oben auf dem Eanin Mooar, dem großen Abgrund, nahe der steilen Kuppe von Cronk-yn-Irree-Laa. Sie könnten dort monatelang leben, ohne das Gesicht aus Lehm zu sehen, und niemand wusste von der Geburt des Kindes. Es war nicht willkommen, als es kam, und sobald es geboren wurde, starb es. Dann trug die Mutter es mitten in der Nacht den schmalen Pfad über die Felsen entlang, vorbei an der Stelle, an der das Wasser von Gob-yn-Ushtey in die Bucht springt, vorbei an Ooig-ny-Goayr, der Höhle der Ziege, nach Lag- ny-Keilley. Sie vergrub es in den Ruinen des einsamen kleinen Keeill, das seit mehr als vierzehnhundert Jahren dort am Hügel liegt. Dort ließ sie es in Ruhe.

Kurze Zeit später machten sich einige Jollen auf den Weg zum Schellfischangeln von Dalby aus. Es gab die „Lucky Granny" von Lagg, den Muck Beg oder Little Pig von Cubbon Aalish's, Boid-y-Conney von Cleary's, Glen Rushen und andere, insgesamt zehn. Dann begann man zu sagen, dass in Lag-ny-Keilley etwas Seltsames vor sich ginge. Die Männer würden in der Nähe angeln, um im schwarzen Schatten von Cronk-yn-Irree-Laa, dem Hügel des aufgehenden Tages, an Land zu gehen. Wenn es langsam Abend wurde, trieben die Jollen mit der Flut nach Süden, mit der Ebbe nach Norden und passierten immer wieder den Strand von Lag-ny-Keilley. Dann würden sie ein wunderschönes Licht sehen und ein Wehklagen und Weinen hören, als käme es von einem kleinen, verlorenen Kind. Am Ende würde das Licht die steile Felswand hinauf zum alten Keeill laufen und erlöschen. Die Männer waren so verängstigt, dass sie nach Einbruch der Dunkelheit nicht mehr in die Bucht fuhren, sondern den Fischfang verließen, sobald die Sonne unterging.

Für die Frauen und Kinder zu Hause wurde es so düster, dass ein sehr alter Mann, Illiam Quirk, der seit vielen Jahren nicht mehr zur See gefahren war, sagte, er würde mit einer der Jollen fahren, um sich selbst ein Bild zu machen. Sie pflegten über ihn zu sagen: „Oul Illiam hat die Kraft, ihn im Gebet zu beten, und er ist ein mittelmäßiger, verzweifelter Kerl; er wird fast alles wagen.' Es war zu dieser Zeit so — seine Jolle war die letzte, die hereinkam; der Rest hatte Angst. Es war eine wirklich schöne, wunderschöne Mondnacht, als er von der Markierung herabstieg, und als er sich Gob-yn-Ushtey näherte, hörte er Weinen und Weinen. Er lag auf seinen Rudern und lauschte, und er hörte ein kleines Kind immer und immer wieder jammern: „Sie lhiannoo beg dyn ennym mee!" Das heißt: „Ich bin ein kleines Kind ohne Namen!"

„Gehen Sie näher an das Land heran", sagte Illiam, als er es hörte. Sie kamen näher heran, und er sah deutlich ein kleines Kind am Strand, das eine brennende Kerze in der Hand hielt.

„Gott segne mich, Mistkerl, wir müssen dir einen Namen geben!" sagte Illiam. Und er nahm seinen Hut ab, stand im Boot auf und schüttete eine Handvoll Wasser auf das Kind und schrie: „Wenn du ein Junge bist, chrizziere ich dich im Namen des Vaters, des Sohnes und des Heiligen Geistes." Juan! Wenn du ein Mädchen bist, schwöre ich dich im Namen des Vaters, des Sohnes und des Heiligen Geistes, Joanney!'

Plötzlich hörte das Weinen auf und war nie wieder zu hören, und das Licht ging aus und war nicht mehr zu sehen.

DER FEEN-DOKTOR

Die Schuhmacher, Schneider und Spinner gingen früher zu den Häusern der Menschen, stellten Dinge her und spinnten Wollrollen für die Menschen.

Einmal ging der Schneider nach Chalse Ballawhane. Lange genug warteten sie auf ihn, und glücklicherweise erwischte er Chalse zu Hause.

Nun hatte Chalse Macht über die Fische des Meeres und die Vögel des Himmels sowie über die Tiere des Feldes. Auch er und die Kleinen kamen gut miteinander klar, aber irgendwie gelang es ihm nie, die Macht über sie zu erlangen. Die Leute sagten, er sei nie in der Lage gewesen, ihre Sprache richtig zu lernen. Wie dem auch sei, er war oft genug bei ihnen.

Nachdem sich der Schneider mit den Frauen geärgert hatte, drehte er sich zu Ballawhane um, der in dem großen Stuhl saß, den Ellbogen auf dem Tisch und die Hand an die Stirn gestützt, die andere Hand in der Hosentasche bis zum Ellbogen, und er nicht Sich um irgendjemanden und irgendetwas kümmern.

„Ich muss Ihr Maß nehmen, Mr. Teare, während Sie drin sind, denn wir wissen nicht, wie lange das dauern wird", sagte der Schneider.

„Ach, Junge, Junge", antwortete Chalse und blickte durch das Fenster – die Leute machten sich damals nicht die Mühe mit Jalousien – und dann drehte er sich zur Uhr und sagte: „Heute Nacht läuft keine Zeit weg: Ich möchte gehen." Jeder ist nach Hause gekommen, und es ist an der Zeit, dass ich mich fertig mache . Ein oder zwei Minuten lang sagte niemand ein Wort. Er war genau wie ein Körper, dessen Geist weit weg war. Wieder blickte er plötzlich den Schneider an. Dann sagte er:

„Ähm, ich gehe heute Abend zu einem großen Abendessen." Du wirst hier nichts schaffen, vielleicht möchtest du gehen? Es ist ein Stück zu gehen, aber bei mir wirst du schon recht haben. Aber es gibt ein Versprechen, das ich von dir will: Egal, egal, was du sehen oder hören wirst, egal, wer zu dir sprechen wird, du darfst nicht antworten, sonst wird es so sein Alles ist vorbei mit dir.'

Der Schneider war von der Gelegenheit, die Kleinen Leute selbst zu sehen, so sehr in Anspruch genommen, dass er treu versprach, niemals ein Wort zu sagen, egal was passierte, und er wusste, dass er mit Chalse recht haben würde.

Dann nahm Ballawhane seinen Hut vom *Dach* , und als er hinausging, sagte er:

„Ich werde gleich zurückkommen, um dich zu holen; „Beweg dich ein wenig, während du wartest."

Nach einer Weile hörte man Pferdelärm, der die Straße heraufkam – es war schrecklich. Dann blieben sie auf der Straße stehen und Ballawhane kam herein und sagte:

„Wir könnten dir ein anderes Pferd besorgen, Junge, tun wir, was wir wollten, aber du musst dir irgendein Pferd besorgen."

Und als er in den Salon ging, schnappte er sich etwas und ging hinaus, ohne ein Wort zu sagen. Als er nach einer Weile zur Tür zurückkam, sagte er:

'Komm schon Junge. Ich werde ihren Kopf halten, bis du einsteigst.'

Die Schneiderin geht hinaus und hinauf, mit einer Peitsche auf dem Rücken, und sie gehen wie die Herren selbst, immer weiter, über Hecken und Gräben, bis sie an einem Fluss an einem großen Hügel ankommen. Anscheinend kannten sie den Weg, obwohl es Nacht war, denn einer nach dem anderen nahmen sie ihn wie einen Spaß. Es war jedoch ein großer Sprung, und als der Schneider spürte, wie er durch die Luft flog, schlug ihm das Herz bis zum Mund.

„Oh Herr, was für ein Sprung!" er sagte.

Im nächsten Moment fiel er mit dem Schoßbrett zwischen den Beinen ins Moor, ganz allein im Dunkeln. Am nächsten Morgen stand er ganz mit Schneematsch bedeckt auf, sah aus wie etwas, das man durch eine Dachrinne geschleppt hatte, und war so still wie eine Maus – so scheu er war, dass ihm jeder Dampf ausging.

Einige der Frauen fragten ihn eine Weile, wie es ihm letzte Nacht gefallen habe und ob er wieder hingehen würde. Aber alles, was sie aus ihm herausbekommen konnten, war:

„Aw, naver nicht mehr, naver nicht mehr!"

JOE MOORES GESCHICHTE VON FINN MACCOILLEY UND DER BUGGANE

Dieser Finne MacCooilley war ein irischer Riese und der Buggane war ein Manx-Riese. Aber wie auch immer, dieser Finne kam von den Bergen von Mourne herüber, um zu sehen, wie die Isle of Mann aussah, denn er sah Land. Ihm gefiel die Insel sehr gut, also blieb er dort und lebte nach Cregne-Art. Der Buggane hörte großartiges Gerede über den riesigen Finn MacCooilley, der sich im Sund aufhielt, also stieg er von der Spitze von Barrule herunter, um ihn ins Visier zu nehmen. Finn wusste, dass er kommen würde, um sich mit ihm zu streiten, um zu sehen, wer der Trauzeuge war, und Finn wollte nicht kämpfen. „Lass ihn mir zukommen", sagt die Frau; 'und' ich werde ihn zum Lachen bringen!'

Bald erblickten sie den Buggane, und er war ein wandelnder Schrecken. Er kam in einer gewaltigen Verfolgungsjagd von Barrule auf sie zu.

„Schlüpf in die Wiege, Finn", sagt sie. „Ich bin es, der mit ihm sprechen wird."

Der Buggane kommt mit heißem Fuß zur Tür.

„Wo ist er selbst?" sagt er.

„Dieser Mann ist in diesem Moment von zu Hause weg", sagt sie. „Was willst du von ihm?"

„Ach, ich habe keine Eile. „Ich werde meinen Schwanz hineinstecken und warten, bis er zurückkommt", sagt er.

„Beruhige dich", sagt sie, „und" du wirst mich beruhigt haben; aber ich muss mit dem Backen weitermachen.'

„Wen hast du in der Wiege?" sagt er.

„Das ist unser Baby", sagt sie.

„Und im Namen der unbekannten Mächte, was für ein Mann ist er selbst, wenn sein Baby so groß ist?"

„Er ist sehr groß und mächtig", sagt sie. „Und das Kind bevorzugt den Vater."

Sie backte gerade Gerstenbrot, und als das Backen bei ihr beendet war, nahm sie die Bratpfanne, legte sie zwischen zwei Brotkuchen und gab sie dem Buggane zum Essen, zusammen mit einem Liter Buttermilch. Er wollte versuchen, etwas zu essen, und es gelang ihm.

„Ach, Mann-lebendig! „Aber das ist das harte Brot", sagt er. „Was hast du mir überhaupt gegeben, überhaupt?"

„Das ist die Sorte, die ich Finn gebe", sagt sie.

„Und werden Finns Zähne das überstehen?"

„Ach, ja, Finn hat sich überhaupt nichts dabei gedacht – das ist die Art von Brot, die er wollte", sagt Thrinn.

Finn erhob sich von der Wiege und begann ein Stück zu brüllen. Sie gab ihm einen Schlag auf die Nase.

„Hör auf zu lärm", sagt sie. „Und steh gerade und setze dir die Drohne nicht so auf den Rücken." Und sie gibt ihm einen Butterkuchen und sagt:

„Aß, aß, peitscht euch, und lasst uns keine Lavins haben."

„Du wirst dem Chili die Zähne in den Kopf brechen, Frau." So viel Brot kann er noch nie gegessen haben!' sagt der Buggane.

„Ach, das kann er mit dem Leben machen", sagt sie.

Aber das hat der Buggane getan; er schlüpfte hervor und verschwand wieder. Er dachte, wenn Finn so stark und das Baby so groß wäre, sollte er am besten wieder nach Hause kommen.

Aber es dauerte nicht lange, bis Buggane und Finn sich tatsächlich trafen, und dann kam es zum Kampf! Eines Tages traf Finn die Buggane drüben in Kirk Christ Rushen, und sie gingen früh am Tag bis zum Sonnenuntergang aufeinander los. Finn hatte einen Standort im Big Sound, und so baute er den Kanal zwischen dem Calf und Kitterland, und den anderen im Little Sound, und so baute er den schmalen Kanal zwischen Kitterland und der Insel. Der Buggane stand in Port Iern – das war der Grund für die schöne große Eröffnung in Port Iern. Die Steine wurden alle mit ihren Füßen in Stücke gerissen. Aber wie auch immer, der Buggane ging als Sieger hervor und schlug Finn furchtbar nieder, sodass er nach Irland fliehen musste. Finn konnte auf dem Meer laufen, aber der Buggane konnte. Und als Finn ausstieg und er sich nicht noch mehr an ihm rächen konnte, riss er einen Zahn heraus und schleuderte ihn durch die Luft hinter Finn her. Es traf ihn am Hinterkopf, fiel dann ins Meer und wurde zu dem, was wir jetzt den Hühnerfelsen nennen. Finn drehte sich brüllend und heftig fluchend um:

„Meine siebenfachen Verfluchungen darauf!" sagt er. „Lass es dort liegen, zum Ärgernis für die Menschensöhne, während Wasser fließt und Gras wächst!"

Und von diesem Tag an bis heute war es für die Seeleute ein Ärgernis und ein Fluch.

DER FYNODEREE

Der Fynoderee ging auf die Wiese

Um den Tau zu heben, wenn der graue Hahn kräht,

Das Mädchenhaar und das Kuhkraut

Er stampfte mit beiden Füßen auf sie ein;

Er streckte sich auf der Wiese aus,

Er warf das Gras auf die linke Hand;

Letztes Jahr hat er uns zum Staunen gebracht,

Dieses Jahr geht es ihm deutlich besser.

Er streckte sich auf der Wiese aus,

Die blühenden Kräuter, die er schnitt,

Das Sumpfbohnenkraut im Curragh,

Als er seinen Weg ging, zitterte es,

Alles schnitt er mit seiner Sense ab,

Um die Wiesen zu häuten,

Und wenn ein Blatt stehen bliebe,

Mit seinen Absätzen stampfte er es unter.

Altes Lied.

DER FYNODEREE VON GORDON

Es gab einmal einen Fynoderee, der in Gordon lebte. Die Leute, die ihn sahen, sagten, er sei groß und struppig, mit feurigen Augen und stärker als jeder andere Mann. Eines Nachts traf er den Schmied, der von seinem Geschäft nach Hause ging, und reichte ihm die Hand, um ihm die Hand zu geben. Der Schmied hielt ihm die Eisensocke des Pfluges, den er bei sich hatte, und er drückte sie, als wäre es ein Stück Ton, und sagte: „Es gibt schon einige starke Manx-Männer auf der Welt!"

Der Fynoderee erledigte seine ganze Arbeit nachts und ging tagsüber in Verstecke. Eines Nachts, als er auf Reisen war, kam er nach Mullin Sayle in Glen Garragh. Er sah ein Licht in der Mühle, also steckte er seinen Kopf durch die offene obere Hälfte der Tür, um zu sehen, was drinnen vor sich ging, und da war Quaye Mooars Frau, die Mais siebte. Als sie den großen Kopf erblickte, erschrak sie fürchterlich. Sie hatte jedoch die Geistesgegenwart, ihm das Sieb zu reichen und zu sagen: „Wenn du zum Fluss gehst und Wasser hineinbringst, werde ich einen Kuchen für dich backen; und je mehr Wasser du zurückbringst, desto größer wird dein Kuchen sein.'

Also nahm der Fynoderee das Sieb und rannte zum Fluss hinunter; Aber das Wasser floss heraus, und er konnte keins für den Kuchen holen, und er warf voller Wut das Sieb weg und schrie:

„Dollan, Dollan, Dash!

Ny smoo ta mee cur ayn,

Ny smoo ta goll ass.'

Sieb, Sieb, Strich!

Je mehr ich hineingebe,

Je mehr es ausgeht.

Die Frau entkam, während er versuchte, das Sieb zu füllen, und als er zur Mühle zurückkam, fand er es im Dunkeln.

Die Fynoderee arbeiteten sehr hart für die Radcliffes, denen damals Gordon gehörte. Jeden Abend mahlte er für sie den Mais, und oft griff er auch an die Dreschflegel. Wenn sie abends einen Stapel in die Scheune legten und jedes Bündel davon loslösten, würden sie es am Morgen zerschlagen vorfinden, aber er würde kein einziges Bündel davon anrühren, es sei denn, es wäre los. Im Sommer holte er ihnen das Heu und schnitt den Mais.

Oft verbrachten die Leute auf dem Bauernhof die Zeit mit ihm. An einem kalten, frostigen Tag kupierte der große Gordon Rüben und blies auf seine Finger, um sie zu wärmen.

„Warum bläst du dir in die Finger?" sagte der Fynoderee.

„Um sie in Hitze zu bringen", sagte der Bauer.

Beim Abendessen an diesem Abend war der Brei des Bauern heiß und er blies darauf.

„Warum machst du das?" sagte der Fynoderee. „Ist es nicht heiß genug für dich?"

„Es ist zu heiß, das ist es; „Ich blase darauf, um es abzukühlen", sagte der Bauer.

„Ich mag dich überhaupt nicht, Junge", sagte der Fynoderee, „denn du kannst mit einem Atemzug heiß und kalt blasen."

Der Fynoderee trug keine Kleidung, aber es heißt, er habe die Kälte nie gespürt. Big Gordon hatte jedoch Mitleid mit ihm, weil er keines hatte, und eines frostigen Winters ging er hin und ließ sich Kleidung anfertigen – Hosen, Jacke, Weste und Mütze – sie waren auch sehr groß. Und er ging und gab sie ihm eines Nachts in die Scheune. Der Fynoderee sah sie an, nahm sie hoch und sagte:

Mantel für den Rücken ist Krankheit für den Rücken!

Weste für die Mitte ist schlecht für die Mitte!

Hosen für die Hosentasche sind ein Fluch für die Hosentasche!

Mütze für den Kopf ist schädlich für den Kopf!

Wenn du eine große Gordon-Farm besitzt, Junge –

Wenn dir dieses kleine Tal im Osten und dein dieses kleine Tal im Westen gehört,

Noch nicht das fröhliche Glen of Rushen, Junge!

Also warf er die Kleidung weg und ging zu Glen Rushen, hinaus zu Juan Mooar Cleary's. Damals arbeitete er für ihn, mähte für ihn das Wiesenheu, schnitt für ihn Rasen und kümmerte sich um die Schafe.

Es geschah in einer Winternacht, dass es einen großen Schneesturm gab. Juan Mooar stand auf, um nach den Schafen zu sehen, aber der Fynoderee kam ans Fenster.

„Lüge, lüge und schlafe, Juan", sagt er; „Ich habe alle Schafe in der Herde, aber da war ein einjähriges Loaghtan (braunes einheimisches Schaf), das mir mehr Ärger bereitete, bis alle anderen Schafe da waren." Meine sieben Flüche auf dem kleinen Loaghtan! Ich bin hinter ihr zweimal um Barrule Mooar herumgekommen, aber ich habe sie trotzdem eingeholt.'

Als Juan am Morgen hinausging, waren alle Schafe sicher im Cogee-Haus und ein großer Hase mit zwei kurzen Launen bei sich, das war der braune Jährling!

Nach einiger Zeit stiegen die Fynoderee auf den Gipfel des Barrule Mountain, um dort bis zum Gipfel zu leben. Eines Tages gingen er und seine Frau hin, um einen Topf voll Brei zu kochen, und sie stritten sich.

Sie rannte und verließ ihn. Er warf einen großen weißen Stein hinter ihr her und dieser traf sie an der Ferse – der Blutfleck ist immer noch auf dem Stein bei Cleigh Fainey. Während sie sich bückte, um einen Lappen auf ihre Fersen zu legen, warf er viele kleine Steine nach ihr, was sie dazu veranlasste, dem zwei Meilen entfernten Lagg einen Sprung zu machen. Dann warf er einen großen Stein mit dem Potstick darin – er liegt heute im Fluss Lagg. Daraufhin machte sie zwei Sprünge über das Meer zu den Bergen von Mourne in Irland; und soweit ich weiß, lebt sie immer noch dort.

DER LHONDOO UND DER USHAG-REAISHT

Einst lebte Lhondoo, die Amsel, in den Bergen und Ushag-reaisht, der Vogel der Wüste, wie die Manx-Menschen den Goldregenpfeifer nennen, im Tiefland, und keiner von ihnen war in der Lage, seine Heimat zu verlassen. Eines Tages jedoch trafen die beiden Vögel an der Grenze zwischen Berg und Ebene aufeinander und einigten sich darauf, dass sie für eine Weile den Ort wechseln würden. Der Vogel der Wüste sollte in den Bergen bleiben, bis der Lhondoo zurückkehrt.

Dem Lhondoo ging es in seinem neuen Zuhause besser als im alten, und er kehrte nicht zurück. So wurde der arme Vogel der Wüste in den Bergen zurückgelassen und jeden Tag könnt ihr ihn mit trauriger Stimme schreien hören:

„Lhondoo, vel oo cheet, vel oo cheet?

S'foddey mein Reayllagh oo!'

Black Thrush, kommst du, kommst du?

Die Zeit ist lang und du bist nicht hier!

Aber der Lhondoo antwortet:

„Cha jig dy braa, cha jig dy braa!“

Wird nie kommen, wird nie kommen!

Dann jammert der arme Ushag-reaisht:

'T'eh feer feayr, t'eh feer feayr!'

Es ist sehr kalt, es ist sehr kalt.

Dann geht die Amsel seiner Wege.

BILLY BEG, TOM BEG UND DIE FEEN

Nicht weit von Dalby entfernt lebten Billy Beg und Tom Beg, zwei bucklige Schuster, zusammen auf einem einsamen Bauernhof. Billy Beg war schlauer und klüger als Tom Beg, der ihm immer zur Verfügung stand. Eines Tages gab Billy Beg Tom einen Stab und sagte:

„Tom Beg, geh auf den Berg und hol die weißen Schafe nach Hause."

Tom Beg nahm den Stab und ging zum Berg, aber er konnte das weiße Schaf nicht finden. Endlich, als er weit weg von zu Hause war und die Dämmerung hereinbrach, begann er zu denken, dass er am besten zurückgehen sollte. Die Nacht war schön und am Himmel standen Sterne und eine kleine Mondsichel. Außer dem scharfen Pfiff des Großen Brachvogels war kein Laut zu hören. Tom eilte nach Hause und hatte Glen Rushen fast erreicht, als sich ein grauer Nebel zusammenzog und er sich verirrte. Doch es dauerte nicht lange, bis sich der Nebel lichtete, und Tom Beg befand sich in einer grünen Schlucht, wie er sie noch nie zuvor gesehen hatte, obwohl er glaubte, jede Schlucht im Umkreis von fünf Meilen zu kennen, denn er war in der Nachbarschaft geboren und aufgewachsen. Er wunderte sich und überlegte, wo er sein könnte, als er ein weit entferntes Geräusch hörte, das sich ihm näherte.

„Ach", sagte er zu sich selbst, „heute Nacht ist mehr als ich auf den Bergen unterwegs; Ich werde Gesellschaft haben.'

Der Ton wurde lauter. Zuerst war es wie das Summen von Bienen, dann wie das Rauschen des Glen-Meay-Wasserfalls und zuletzt wie das Marschieren und Murmeln einer Menschenmenge. Es war der Feenwirt. Plötzlich war das Tal voller schöner Pferde und kleiner Leute, die darauf ritten, mit den Lichtern auf ihren roten Mützen, die wie die Sterne oben leuchteten und die Nacht so hell wie den Tag machten. Es wurden Hörner geblasen, Fahnen geschwenkt, Musik gespielt und viele kleine Hunde gebellt. Tom Beg dachte, dass er noch nie etwas so Großartiges gesehen hatte wie alles, was er dort sah. Mitten im Tanzen und Singen erspähte einer von ihnen Tom, und dann sah Tom den großartigsten kleinen Mann auf sich zukommen, den er je gesehen hatte, gekleidet in Gold und Silber und in Seide, die wie ein Rabenflügel glänzte.

„Es ist eine schlechte Zeit, die du gewählt hast, diesen Weg zu gehen", sagte der kleine Mann, der der König war.

'Ja; „Aber hier möchte ich nicht sein", sagte Tom.

Dann sagte der König: „Bist du heute Abend einer von uns, Tom?"

„Das bin ich sicher", sagte Tom.

„Dann", sagte der König, „wird es Ihre Pflicht sein, das Passwort an sich zu nehmen." Sie müssen am Fuße des Tals stehen, und wenn jedes Regiment vorbeikommt, müssen Sie das Passwort nehmen: Es ist Montag, Dienstag, Mittwoch, Donnerstag, Freitag, Samstag.'

„Das mache ich mit ganzem Herzen", sagte Tom.

Bei Tagesanbruch begannen die Geigenspieler ihre Geigen zu spielen, die Feenarmee brachte sich in Ordnung, die Geigenspieler spielten vor ihnen aus dem Tal, und die Musik war süß. Jedes Regiment gab Tom im Laufe der Zeit das Passwort – Montag, Dienstag, Mittwoch, Donnerstag, Freitag, Samstag; und zuletzt kam der König, und auch er gab es – Montag, Dienstag, Mittwoch, Donnerstag, Freitag, Samstag. Dann rief er in Manx einem seiner Männer zu:

„Nimm diesem Kerl den Buckel vom Rücken", und bevor er die Worte aussprach, wurde der Buckel von Tom Begs Rücken gerissen und in die Hecke geworfen. Wie stolz war Tom jetzt, der sich als der ehrlichste Mann der Isle of Mann herausstellte! Er stieg den Berg hinunter und kam am frühen Morgen mit leichtem Herzen und eifrigen Schritten nach Hause. Billy Beg wunderte sich sehr, als er Tom Beg so gerade und stark sah, und als Tom Beg sich ausgeruht und erfrischt hatte, erzählte er seine Geschichte: wie er die Feen getroffen hatte, die jeden Abend zum Exerzieren nach Glen Rushen kamen.

Am nächsten Abend machte sich Billy Beg auf den Weg entlang der Bergstraße und erreichte schließlich das grüne Tal. Gegen Mitternacht hörte er das Trampeln von Pferden, das Peitschenhieben, das Bellen von Hunden und ein großes Tohuwabohu, und siehe da, die Feen und ihr König, ihre Hunde und ihre Pferde, alle beim Exerzieren im Tal, wie es Tom Beg getan hatte sagte.

Als sie den Buckelwal sahen, blieben sie alle stehen, und einer trat vor und fragte sehr verärgert, was er zu tun habe.

„Ich bin für diese Nacht einer von Euch und würde Euch gerne einen Dienst erweisen", sagte Billy Beg.

Also sollte er das Passwort annehmen – Montag, Dienstag, Mittwoch, Donnerstag, Freitag, Samstag. Und bei Tagesanbruch sagte der König: „Es ist Zeit für uns, aufzubrechen", und ein Regiment nach dem anderen kam herbei und gab Billy Beg das Passwort – Montag, Dienstag, Mittwoch, Donnerstag, Freitag, Samstag. Zuletzt kam der König mit seinen Männern und gab auch das Passwort bekannt – Montag, Dienstag, Mittwoch, Donnerstag, Freitag, Samstag UND SONNTAG ", sagt Billy Beg und hält sich für schlau. Dann gab es einen großen Aufschrei.

„Nimm den Buckel, der letzte Nacht von diesem Kerl abgenommen wurde, und lege ihn auf den Rücken dieses Mannes", sagte der König mit blitzenden Augen und zeigte auf den Buckel, der unter der Hecke lag.

Noch bevor er die Worte ausgesprochen hatte, wurde Billy Beg der Buckel auf den Rücken geklatscht.

„Jetzt", sagte der König, „geh weg, und wenn ich dich jemals wieder hier finde, werde ich dir einen weiteren Buckel auf die Vorderseite klopfen!"

Und dann marschierten sie alle mit einem lauten Schrei davon und ließen den armen Billy Beg dort stehen, wo sie ihn gefunden hatten, mit einem Buckel auf jeder Schulter. Und er kam am nächsten Tag nach Hause, einen Fuß nach dem anderen schleppend, mit runzligem Gesicht und so verärgert wie zwei Stöcke, mit seinen beiden Höckern auf dem Rücken, und wenn sie nicht abgenommen haben, sind sie immer noch da.

DIE FAULE FRAU

Nun, es war einmal eine Frau, und sie war skandalös faul. Sie war so faul, dass sie den ganzen Tag nichts anderes tat, als in einer Ecke des *Chiollagh zu sitzen und sich aufzuwärmen, oder in die Häuser zu gehen, um Neuigkeiten zu erfahren.* Und eines Tages gibt ihr Mann ihr Wolle zum Spinnen; Es ging ihm furchtbar schlecht, was seine Kleidung anging, denn sie ließ zu, dass sie ihm völlig ausging. Er hatte ihr gesagt, sie solle sie reparieren, bis er müde sei, aber alles, was er aus ihr herausbekommen konnte, war „ *Traa dy liooar* ". Genug Zeit!

Eines Tages kommt er zu ihr und sagt:

„Du *Liggey, mein Hraa* , hier ist etwas Wolle zum Spinnen, und wenn es von diesem Tag an in einem Monat nicht fertig ist, werde ich dich an den Straßenrand werfen." Du und dein *Traa dy liooar* haben mich fast entblößt zurückgelassen.'

Nun, sie war zu faul zum Spinnen, aber sie tat so, als würde sie hart arbeiten, wenn der Ehemann im Haus war. Sie legte das Rad jeden Abend auf den Boden, bevor ihr Mann von der Arbeit kam, um ihm zu zeigen, dass sie gedreht hatte.

Der Mann fragte sie, ob der Faden gerade gesponnen sei, denn er sagte, er sehe das Rad so oft auf dem Boden liegen, dass er wissen wollte, ob sie genug hätte, um es dem Weber zu bringen. In der vorletzten Woche hatte sie nur einen Ball gesponnen, und dieser war verknotet und so grob wie Ginster. Als ihr Mann zu ihr sagt:

„Wenn ich nachts nach Hause komme, sehe ich das Rad oft mitten auf dem Boden stehen; Vielleicht ist bei dir jetzt genug Garn gesponnen, dass ich es nächste Woche zum Weber bringen kann?'

„Ich weiß es überhaupt nicht", sagt die Frau. „Vielleicht gibt es das; Lasst uns die Bälle zählen.'

Dann begann das Stück! Sie stieg auf den *Lümmel* und warf den Ball durch das Loch zu ihm hinab.

„Zähl weiter und wirf die Kugeln wieder zu mir zurück", sagt sie zu dem Mann. Und so schnell, wie er den Ball zu ihr hochschleuderte, so schnell warf sie ihn wieder zu ihm hinab. Als er den Ball gezählt hatte, vielleicht zwei Mal, sagt sie zu ihm:

„Das ist alles, was drin ist."

„Ach, das hast du gut gemacht, Frau, im Großen und Ganzen", sagt er; „Für den Weber wird bei dir viel getan."

Ach, dann steckte sie in großer Not und wusste bei Sinnen nicht, was sie tun sollte, um sich zu retten. Sie wusste, dass sie ihre Trauer unterdrücken würde, wenn man sie entdeckte, aber ihr fiel nichts ein.

Schließlich dachte sie an den Riesen, der an einem einsamen Ort oben auf dem Berg lebte, denn sie hatte gehört, dass er bereit sei, zu arbeiten, und an die Frau, sagte sie sich:

„Ich habe Lust, meinen Weg zu ihm zu gehen." Sie machte sich am nächsten Morgen früh auf den Weg, sie und ihre Wollrollen, und sie ging die Hügel hinauf und die Kiemen hinunter, bis sie schließlich zum Haus des Riesen kam.

„Was willst du hier?" sagt der Riese.

„Ich möchte, dass du mir hilfst", sagt sie; Und sie stand auf und erzählte ihm von dem Fadenknäuel und allem.

„Ich werde die Wolle für dich spinnen", sagt der Riese, „wenn du mir in einer Woche von diesem Tag an meinen Namen sagst, wenn du zu den Bällen kommst." Bist du zufrieden?'

„Warum sollte ich nicht zufrieden sein?" sagt die Frau; denn sie dachte bei sich, es wäre eine ziemlich seltsame Sache, wenn sie seinen Namen nicht innerhalb einer Woche herausfinden könnte. Nun, die Frau versuchte auf jede erdenkliche Weise, den Namen des Riesen herauszufinden, aber egal, wohin sie wollte, niemand hatte jemals etwas davon gehört. Die Zeit verging schnell und sie war dem Namen des Riesen nicht näher gekommen. Endlich war es der vorletzte Tag.

Nun geschah es, dass der Mann an jenem kleinen Abend vom Berg nach Hause kam, und als er sich dem Haus des Riesen näherte, sah er alles in einem gleißenden Licht, und in seinem Haus erklang ein großes Wirbeln und Pfeifen Ohren, und mit ihm kam Singen und Lachen und Geschrei. Also näherte er sich dem Fenster, und dann sah er drinnen den großen Riesen an einem Rad sitzen, das sich drehte wie der Wind, und seine Hände flogen mit dem Faden hin und her, hin und her, wie der Blitz, und er brüllte zum Pfeifen Rad: „Drehe, drehe, drehe schneller; und singe, dreh, singe lauter!'

Und er singt, während sich das Rad immer schneller dreht:

„Snieu, queeyl, snieu; 'rane, queeyl, 'rane;

Dy chooilley clean y thie, snieu äh my skyn.

Lheeish yn ollan, lhiams y snaie,

Bitte fys t'ec yn ven litcheragh

Dy re Mollyndroat mein Ennym!'

Drehen, drehen, drehen; singen, drehen, singen;

Jeder Balken am Haus dreht sich über uns.

Ihr gehört die Wolle, mir gehört der Faden,

Wie wenig sie weiß, die faule Frau,

Dass mein Name Mollyndroat ist!

Als der Mann am Abend nach Hause kam, kam er zu spät, und seine Frau sagte zu ihm:

„Wo warst du so spät?" Hast du etwas Neues gehört?'

Dann sagte er:

„Du bist mittelmäßig gut, dich zu spinnen, *ven thie* ; Aber ich glaube, es gibt vor allem einen, der besser ist als du. Noch nie in meinem ganzen Leben habe ich ein solches Spinnen gesehen, einen Faden so fein wie ein Spinnennetz, und einen solchen Gesang gehört, wie er heute Abend im Haus des Riesen vor sich ging.'

„Was hat er gesungen?" sagt die Frau. Und er sang ihr das Lied:

Snieu, queeyl, snieu; 'rane, queeyl, 'rane;

Dy chooilley clean y thie, snieu äh my skyn.

Lheeish yn ollan, lhiams y snaie,

Bitte fys t'ec yn ven litcheragh

Dy re Mollyndroat mein Ennym!

Naja, was für eine Freude die Frau hatte, als sie das Lied hörte!

„Ach, was für eine süße Musik! „Sing es noch einmal, mein guter Mann", sagt sie.

Und er sang es ihr noch einmal vor, bis sie es auswendig kannte.

Früh am nächsten Morgen lief sie, so schnell ihre Füße sie tragen konnten, zum Haus des Riesen. Der Weg war lang und ein wenig einsam unter den Bäumen, und um ihr Herz zu bewahren, sang sie vor sich hin:

„Snieu, queeyl, snieu; snieu, queeyl, snieu;

Dy chooilley vangan eh y villey, snieu äh my skyn.

S'lesh hene yn ollan, wie lesh my hene y snaie,

Son shenn Mollyndroat cha vow eh dy braa.'

Drehen, drehen, drehen; drehen, drehen, drehen;

Jeder Ast am Baum dreht sich über ihm.

Die Wolle gehört Ihm selbst, der Faden gehört mir,

Denn der alte Mollyndroat wird es nie bekommen.

Als sie das Haus erreichte, stellte sie fest, dass die Tür vor ihr offen stand, und sie ging hinein.

„Ich bin wieder wegen des Threads gekommen", sagt sie.

„Aisy, aisy, gute Frau", sagt der Riese. „Wenn du mir nicht meinen Namen sagst, bekommst du den Faden nicht – das war der Handel." Und sagt er: „Wie ist mein Name?"

„Ist es Mollyrea?" sagt sie – um zu zeigen, dass sie es nicht wusste.

„Nein, das ist es nicht", sagt er.

„Sind Sie einer von den Mollyruiy?" sagt sie.

„Ich gehöre nicht zu diesem Clan", sagt er.

„Nennen sie dich Mollyvridey?" sagt sie.

„Das sind sie nicht", sagt er.

„Ich garantiere, Ihr Name ist Mollychreest?" sagt sie.

„Aber da liegen Sie falsch", sagt er.

„Nehmen Sie Ihren Namen Mollyvoirrey?" sagt sie.

„Tat ich nicht", sagt er.

„Vielleicht heißt du Mollyvartin?" sagt sie.

„Und vielleicht ist es das überhaupt nicht", sagt er.

„Sie sagen", sagt sie, „dass es zu einer Zeit nur sieben Familien auf der Insel gab", und ihre Namen begannen alle mit „Molly"; Und so", sagt sie, „wenn du kein Mollycharaine bist, bist du überhaupt keiner von den Rael, den Manx-Menschen."

„Ich bin kein Mollycharaine", sagt er. „Jetzt sei vorsichtig, Frau; Die nächste Vermutung ist deine letzte.'

Daraufhin tat sie so, als ob sie Angst hätte, und sagte langsam und zeigte mit dem Finger auf ihn:

'S'lesh hene yn ollan, as lesh my hene y snaie,

Son shenn – Moll- YN-DROAT cha vow eh dy braa.'

Die Wolle gehört Ihm selbst und der Faden gehört mir,

Für alt – Moll- YN-DROAT wird es nie verstehen.

Nun, der Riese, er war fertig, und er war in roter Wut und er schreit:

„Pech gehabt! „Du hättest meinen Namen nie erfahren, es sei denn, du wärst eine *Mumie von Aishnee* .“

„Du hast Pech gehabt, mein Junge“, sagt sie, „weil du versucht hast, einer anständigen Frau die Wolle zu stehlen.“

„Geh zum Teufel, zu dir selbst und deiner Wahrsagerei“, ruft er, springt auf und wirft die Kugeln nach ihr.

Und weg nach Hause mit ihr und ihren Fadenknäueln. Und wenn sie für immer nicht ihre eigene Wolle gesponnen hat, hat das nichts mit dir und mir zu tun.

DIE MEERJUNGFRAU VON GOB NY OOYL

Es lebte einmal am unteren Ende von Cornah Gill eine Familie namens Sayle, und die Meerjungfrau, die sie in Bulgham heimsuchen ließ, war eine Freundin von ihnen. Sie hatten immer Glück und es schien ihnen nie an etwas zu mangeln. Tatsächlich waren sie sehr sparsam, und um ihre freie Zeit zu nutzen, stellten sie Hummertöpfe aus Korbweiden her, die in Hülle und Fülle wuchsen, und sie fanden immer einen bereiten Markt. Sie hielten eine Kuh und ein paar Schafe, nur um den Frauen in den langen Winternächten Arbeit zu geben, aber ihren Lebensunterhalt bestritten sie größtenteils vom Meer.

Es war bekannt, dass Sayle eine große Vorliebe für Äpfel hatte und dass er oft welche mit aufs Boot nahm, aber wenn er älter geworden war, überließ er einen Großteil der Bootsarbeit den Jungen. und dann begann das Glück zu schwinden, und oft musste einer von ihnen eine Waffe nehmen, um etwas im Topf zu behalten. Dann machten sich die Größeren an die Heringe. Einer, Evan, musste jedoch in der Nähe bleiben, um die Dinge am Laufen zu halten, und es geschah, dass er eines Tages, nachdem er gerade in Bulgham die Reusen aufgestellt hatte, das Boot einzog und die Böschung hinaufging, um Eier zu jagen. Als er zum Boot zurückkam, hörte er, wie jemand nach ihm rief, und als er sich umsah, sah er eine hübsche Frau, die am Rand eines Felsens saß.

„Und wie geht es deinem Vater?" sagte sie. „Es kommt jetzt selten vor, dass er hierher kommt."

Der junge Sayle war zunächst etwas verängstigt, aber als er ihren freundlichen Gesichtsausdruck sah, fasste er Mut und erzählte ihr, wie es zu Hause sei. Dann sagte sie, sie hoffe, ihn wiederzusehen, glitt ins Wasser und verschwand.

Als er nach Hause kam, erzählte er, was geschehen war, und der Vater erklärte mit strahlendem Gesicht:

„Es wird noch Glück auf dem Haus geben."

Und er sagte:

„Nimm ein paar Äpfel mit, wenn du das nächste Mal dort hinaufgehst, dann werden wir sehen."

Als der junge Bursche das nächste Mal ging, nahm er ein paar Äpfel mit, und als er an der Stelle ankam, wo er die schöne Frau gesehen hatte, machte er sich wie üblich auf die Jagd zwischen den Felsen. Dann hörte er süßen Gesang, und als er sich umdrehte, sollte er nichts anderes sehen als die Meerjungfrau, die sich über das Boot beugte und freundlich lächelte. Sie nahm einen Apfel und begann zu essen und zu singen:

Das Glück des Meeres sei mit dir, aber sei nicht vergesslich

Ein paar süße Lan-Eier für die Kinder des Meeres zu bringen.

Von da an lebte er fast auf dem Wasser, bis er schließlich wegen Untätigkeit zur Rede gestellt wurde. Dann beschloss er, in fremde Gebiete zu segeln. Die Meerjungfrau war in großer Not, und um ihr eine Freude zu machen, ging er hin und pflanzte einen Apfelbaum auf dem Hügel oberhalb ihres Aufenthaltsortes. Er sagte ihr, dass dieser Baum, wenn er weit weg wäre, Landeier hervorbringen würde, die, wenn sie süß und süß wären, wachsen würden bereit zum Essen, kamen von selbst zum Wasser, um sie zu holen. Und tatsächlich blieb das Glück der Familie bestehen, auch wenn der Junge nicht mehr da war.

Sie schien sich lange Zeit gut zu halten und man sah sie abends oft auf den Felsen sitzen, traurige Lieder singen und sehnsüchtige Blicke zum Apfelbaum oben werfen. Sie war sehr zurückhaltend gegenüber allen, die ihr in den Weg kamen, und als sie schließlich feststellte, dass die Äpfel nur langsam herankamen, beschloss sie, sich auf die Suche nach der jungen Sayle zu machen, in der Hoffnung, dass die Äpfel zum Mitnehmen bereit wären, wenn sie zurückkämen.

Aber keiner von ihnen kam jemals zurück, obwohl der Apfelbaum viele lange Jahre lang Früchte trug und den kleinen Bach markierte, in dem die Meerjungfrau lebte.

DIE VERLORENE FRAU VON BALLALEECE

Einmal heiratete der Bauer von Ballaleece eine schöne junge Frau und sie dachten sehr aneinander. Doch schon bald verschwand sie. Einige sagten, sie sei tot, andere sagten, sie sei von den Kleinen Leuten entführt worden. Ballaleece trauerte schweren Herzens um sie und suchte sie von Point of Ayr bis zum Kalb; Aber als er sie schließlich nicht fand, heiratete er eine andere Frau. Dieses war nicht schön, aber es war etwas Geld bei ihr.

Bald nach der Hochzeit erschien Ballaleece eines Nachts seine erste Frau und sagte zu ihm:

„Mein Mann, mein Mann, ich wurde von den Kleinen Leuten mitgenommen und lebe mit ihnen in deiner Nähe." Ich kann freigelassen werden, wenn du willst, aber tue, was ich dir sage.'

„Erzähl es mir schnell", sagte Ballaleece.

„Wir werden am Freitag um Mitternacht durch die Ballaleece-Scheune reiten", sagte sie. „Wir gehen durch eine Tür rein und durch eine andere raus." Ich reite hinter einem der Männer zu Pferd. Sie fegen die Scheune sauber und achten darauf, dass kein Strohhalm mehr auf dem Boden liegt. Ergreife meinen Zügel, halte ihn fest, und ich werde frei sein.'

Als die Nacht hereinbrach, nahm Ballaleece einen Besen und fegte den Scheunenboden so sauber, dass kein einziger Fleck darauf zurückblieb. Dann wartete er im Dunkeln.

Um Mitternacht öffneten sich die Scheunentore weit, süße Musik war zu hören, und durch die offene Tür kam eine feine Gesellschaft kleiner Leute herein, in grünen Jacken und roten Mützen, auf schönen Pferden. Auf dem letzten Pferd, hinter einem Little Fellow sitzend, sah Ballaleece seine erste Frau, so hübsch wie ein Bild und so jung wie damals, als sie ihn verließ. Er ergriff ihren Zügel, wurde aber von einer Seite zur anderen geschüttelt wie ein Blatt an einem Baum und konnte sie nicht halten. Als sie durch die Tür hinausging, streckte sie ihre rechte Hand aus, zeigte auf einen Scheffel in der Ecke der Scheune und rief mit trauriger Stimme:

„Es wurde ein Strohhalm unter den Scheffel gestellt – deshalb konntest du mich nicht halten, und du bist für immer mit mir fertig!"

Die zweite Frau hatte gehört, was geschehen war, und hatte den Strohhalm versteckt und den Scheffel umgedreht, damit man ihn nicht sehen konnte.

Von der jungen Frau hörte man nie mehr.

SMEREREE

Die gesprenkelte Henne und das kleine Huhn kratzten unter einem Apfelbaum im Garten, und ein Apfel fiel vom Baum und traf das kleine Huhn am Kopf. Und sagt er zur gesprenkelten Henne:

„Lasst uns nach Rom gehen, denn die Welt ist untergegangen.“

„Wer hat dir das gesagt, kleines Huhn?“ sagte die gesprenkelte Henne.

„Es ist mir auf den Kopf gefallen, Smereree!“

Dann gingen die gesprenkelte Henne und das kleine Huhn ihrer Wege, bis sie dem Hahn begegneten.

„Wohin gehst du, gesprenkelte Henne?“ sagte der Hahn.

„Ich gehe nach Rom, denn die Welt ist untergegangen“, sagte die gesprenkelte Henne.

„Wer hat das zu dir gesagt, gesprenkelte Henne?“

„Das kleine Huhn hat es mir gesagt.“

„Wer hat dir das gesagt, kleines Huhn?“

„Es ist mir auf den Kopf gefallen, Smereree!“

So gingen sie gemeinsam ihrer Wege, bis ihnen ein Gänserich begegnete.

„Wohin gehst du, Schwanz?“ sagte der Betrachter.

„Nach Rom gehen, denn die Welt ist untergegangen.“

„Wer hat das zu dir gesagt, Schwanz?“ sagte der Betrachter.

„Die gesprenkelte Henne hat es mir gesagt.“

„Wer hat das zu dir gesagt, gesprenkelte Henne?“

„Das kleine Huhn hat es mir gesagt.“

„Wer hat dir das gesagt, kleines Huhn?“

„Es ist mir auf den Kopf gefallen, Smereree!“

Also gingen sie alle zusammen, bis sie einem Stier begegneten.

„Wohin gehst du, Gänserich?“ sagte der Stier.

„Nach Rom gehen, denn die Welt ist untergegangen.“

„Wer hat dir das gesagt, Gänserich?“

„Der Hahn hat es mir gesagt.“

„Wer hat das zu dir gesagt, Schwanz?“

„Die gesprenkelte Henne hat es mir gesagt.“

„Wer hat das zu dir gesagt, gesprenkelte Henne?“

„Das kleine Huhn hat es mir gesagt.“

„Wer hat dir das gesagt, kleines Huhn?“

„Es ist mir auf den Kopf gefallen, Smereree!“

Also gingen sie alle zusammen, bis sie einer Ziege begegneten.

„Wohin gehst du, Bulle?“ sagte die Ziege.

„Ich gehe nach Rom, denn die Welt ist untergegangen“, sagte der Stier.

„Wer hat dir das gesagt, Bulle?“ sagte die Ziege .

„Der Gänserich hat es mir gesagt.“

„Wer hat dir das gesagt, Gänserich?“

„Der Hahn hat es mir gesagt.“

„Wer hat das zu dir gesagt, Schwanz?“

„Die gesprenkelte Henne hat es mir gesagt.“

„Wer hat das zu dir gesagt, gesprenkelte Henne?“

„Das kleine Huhn hat es mir gesagt.“

„Wer hat dir das gesagt, kleines Huhn?“

„Es ist mir auf den Kopf gefallen, Smereree!“

Also gingen sie alle zusammen, bis sie einem Pferd begegneten.

„Wohin gehst du, Ziege?“ sagte das Pferd.

„Nach Rom gehen, denn die Welt ist untergegangen.“

„Wer hat das zu dir gesagt, Ziege?“

„Der Stier hat es mir gesagt.“

„Wer hat dir das gesagt, Bulle?“

„Der Gänserich hat es mir gesagt.“

„Wer hat dir das gesagt, Gänserich?“

„Der Hahn hat es mir gesagt.“

„Wer hat das zu dir gesagt, Schwanz?“

„Die gesprenkelte Henne hat es mir gesagt."

„Wer hat das zu dir gesagt, gesprenkelte Henne?"

„Das kleine Huhn hat es mir gesagt."

„Wer hat dir das gesagt, kleines Huhn?"

„Es ist mir auf den Kopf gefallen, Smereree!"

So machten sie sich alle gemeinsam auf den Weg, bis sie zum Haus des Riesen kamen; Sie gingen ins Haus und der Riese war von zu Hause weg. Also ging das Pferd unter den großen Tisch, und der Stier ging unter die Kommode, und die Ziege ging auf die Treppe und alle anderen in die Ecken.

Als der Riese nach Hause kam, gingen sie alle gleichzeitig auf ihn los und es kam zu heftigem Krieg zwischen ihnen.

„Kalk! Kalk! „Wenn ich zu dir herunterkomme", sagte der Hahn.

Schließlich kam er herunter und stocherte dem Riesen die Augen aus, und sie töteten ihn, und sie lebten alle zusammen in seinem Haus.

Und wenn sie nicht tot sind, leben sie noch dort.

KEBEG

Am Ballacoan-Strom gibt es einen tiefen Dub oder Pool, den die Kinder von Laxey Nikkesens nennen. Es ist die Heimat von Nyker, dem Wasserkobold. Es hat keinen Boden; und Brombeersträucher und Farne wachsen um ihn herum, und Tannen und Haselnüsse verbergen ihn vor den Augen. Kein Kind, nicht einmal ein Erwachsener, wird sich ihm nach Einbruch der Dunkelheit nähern.

Vor vielen Jahren wurde ein schönes Mädchen aus Ballaquine geschickt, um nach den Kälbern zu suchen, die verirrt waren. Sie war schon bei Nikkesen angelangt, als ihr auffiel, dass sie über dem Fluss die Kälber in Johnny Baldoons Nüssen hörte. Sofort begann sie ihnen zuzurufen:

„Kebeg! Kebeg! Kebeg!' so laut, dass man sie in Chibber Pherick, Patrick's Well, hören konnte. Die Leute konnten ihren Ruf ganz deutlich hören, aber siehe, ein großer Nebel kam und rollte das Tal hinab und verbarg es vor den Augen. Die Menschen auf der einen Seite des Tals konnten ihre Stimme noch durch den Nebel rufen hören:

„Kebeg! Kebeg! Kebeg!'

Dann erklang eine kleine, süße Stimme durch den Nebel und die Bäume als Antwort:

„Kebeg ist da! Kebeg ist da!'

Und sie rief:

'Ich komme'! Ich komme'!'

Und das war alles.

Die Feen, die im Nikkesen wohnen, hatten sie zu sich gezogen und zu sich nach Hause getragen.

Man hat nie wieder etwas von ihr gehört.

DAS FEENKIND VON CLOSE NY LHEIY

Es gab einmal eine Frau namens Colloo in Close ny Lheiy, in der Nähe von Glen Meay, und sie hatte ein Kind, das auf seltsame Weise krank geworden war. Mit ihm schien alles in Ordnung zu sein, doch er wurde immer böser und *quälte sich* Tag und Nacht. Die Frau war in großer Not. Zaubersprüche hatten versagt und sie wusste nicht richtig, was sie tun sollte.

Es scheint, dass das Kind, das für sein Alter ein so schönes Kind war, wie man es auf einem Tagesspaziergang sehen würde, im Alter von etwa vierzehn Tagen schlafend gelassen wurde, während die Mutter zum Brunnen ging, um Wasser zu holen. Nun vergaß Sie selbst, die Zange an die Wiege zu legen, und als sie zurückkam, weinte das Kind erbärmlich, und es gab keine Ruhe für es. Und von dieser Stunde an schien das Fleisch von seinen Knochen zu schmelzen, bis er zu einem so hässlichen und runzligen Kind wurde, wie man es zwischen der Spitze von Ayr und dem Kalb sehen kann. So war er, sein jammerndes Geheul erfüllte das Haus, vier Jahre lang lag er in seiner Wiege, ohne sich zu bewegen, seine Füße unter sich zu stellen. Weder einen Tag Ruhe noch eine Nacht Schlaf hatte die Frau in diesen vier Jahren bei sich. Sie wurde ziemlich gegeißelt, bis ein schöner Frühlingstag kam, während Hom Beg Bridson, der Schneider, im Haus nähte. Hom ist jetzt tot, aber es gibt noch viele Lebende, die sich an ihn erinnern. Er war außerordentlich weise, denn er ging nähend von Haus zu Haus und sammelte dabei Weisheit.

Nun, vor diesem Tag sah der Schneider viel Bosheit in dem Kind. Wenn die Frau draußen die Kühe und Schweine fütterte, hob er seinen Kopf aus der Wiege, schnitt dem Schneider Grimassen, zwinkerte und strich, schüttelte den Kopf und sagte: „Was für ein Junge ich bin!"

An diesem Tag wollte die Frau in den Laden gehen, um ein paar Eier zu verkaufen, die sie hatte, und sagte zum Schneider: „Hom, Mann, pass auf die Chili auf, damit der Sumpf nicht aus der Schale fällt und wehtut." er selbst, während ich zum Laden schlüpfe.'

Als sie weg war, fing der Schneider an, leise und langsam vor sich hin zu pfeifen, während er die Melodie einer kleinen Hymne nähte.

„Lass das, Hom Beg", sagte eine etwas raue Stimme.

Der Schneider war empört und schaute sich um, um zu sehen, ob es das Kind war, das gesprochen hatte, und das stimmte.

„Wsch, wsch, jetzt; „Lie quate", sagte der Schneider und wiegte die Wiege mit seinem Fuß, und während er schaukelte, pfiff er die Hymnenmelodie lauter.

„Lass das fallen, Hom Beg, sage ich dir, und gib uns etwas Leichtes und Handliches", sagte der kleine Kerl mittelscharf zu ihm zurück.

„Ach, irgendetwas, um dich zu beruhigen", sagte der Schneider und pfiff eine Schablone.

„Hom", sagte mein Junge, „kannst du etwas dazu tanzen?"
„Das kann ich", sagte der Schneider. „Kannst du?"
„Das kann ich", sagte mein Junge. „Möchtest du mich tanzen sehen?"
„Das würde ich", sagte der Schneider.
„Dann nimm die Geige runter, Hom, Mann", sagte er; 'und' habe „The tune of the Big Wheel" darauf geschrieben.'
„Ach, das werde ich für dich tun, ein Willkommen", sagte der Schneider.
Die Geige löst ihren Haken an der Wand und der Schneider stimmt.
„Hom", sagte der kleine Kerl, „bevor du anfängst zu spielen, räum die Küche für mich frei – Prost und Hocker, alles weg – mach mir einen Platz, an dem ich zur Musik rausgehen kann, Mann."
„Ach, das mache ich auch für dich", sagte der Schneider. Er räumte den Küchenboden frei und stimmte dann „Tune y wheeyl vooar" an.
Mit einem Knall sprang der kleine Kerl mit einem „Chu!" von seiner Wiege auf den Boden. und fing an, durch die Küche zu fliegen.
„Mach es, Hom – stell dich deinem Partner ins Gesicht – Ferse und Zehe reichen aus." Gut gemacht, Hom – mehr Power für deine Elba, Mann."
Hom spielt immer schneller, bis mein Junge so hoch wie der Tisch sprang. Mit einem „Chu!" Er stellt seinen Fuß auf die Kommode und „Chu!" dann oben auf dem Schornstein und „Chu!" gegen die Trennwand schlagen; Dann flog er halb fliegend, halb laufend durch die Küche, drehte sich um und ging so schnell, dass es Hom einen Schauder in den Kopf jagte, als er ihn ansah. Dann wirbelte er alles herum, um einen freien Raum zu schaffen, sogar Hom selbst, der sich nach und nach auf den Tisch in der Ecke stellt und wilder und schneller spielt, während die wirbelnde Figur immer wilder und schneller wird.

'M'Yee!' sagte der Schneider und warf die Geige hin. „Ich muss" rennen, du bist nicht der Chili, der in der Schale war! Bist du?'

'Houl' Mann! „Du hast recht", sagte der kleine Kerl. „Machen Sie sich für mich bereit – machen Sie Ha'e, machen Sie Ha'e, Mann – joggen Sie weiter mit Ihrer Elba."

„Pusch!" sagte der Schneider, „hier kommt sie selbst."

Der Tanz hörte plötzlich auf. Das Kind hüpfte, hüpfte und sprang in die Wiege.

„Mach weiter mit dem Nähen, Hom; „Sag kein Wort", sagte der kleine Kerl und hüllte sich in die Kleider, bis von ihm nichts mehr zu sehen war außer seinen Augen, die wie die eines Frettchens hervorstanden.

Als sie das Haus betrat, saß der Schneider ganz zitternd mit gekreuzten Beinen auf dem runden Tisch, die Brille auf der Nase und ließ erkennen, dass er mit dem Nähen beschäftigt war; Das Kind in der Wiege grinste und weinte wie immer.

„Was in aller Welt" ——! Aber im Großen und Ganzen liegt es an den Vierkantnähten, da ist hier etwas los, und ich bin raus. „Und wie kannst du die Nadel in dieser dunklen Ecke sehen, Hom Bridson, geschweige denn nähen, das macht mich fertig", sagte sie und trat neben die Stelle. „Na ja, na ja – dann, na ja, na ja – auf dem Boghee Millish. Was macht das überhaupt auf der Vene? Glaubte er damals, Mammy sei gegangen und hätte ihn verlassen, der Junge? Aber Mammy wird ihn füttern."

Der Schneider hatte lange darüber nachgedacht, was er tun sollte, und sagte:

„Sehen Sie, Frau, geben Sie ihm überhaupt nichts, sondern gehen Sie raus und holen Sie sich einen Korb voll guten Rasens und einen Hauch von Feuer."

Sie bringt den Rasen und wirft ein Bündel Farn darauf.

Der Schneider sprang vom Tisch auf den Boden, und es dauerte nicht lange, bis er das schöne Feuer hatte.

„Du wirst das Haus für mich anzünden lassen, Hom", sagte sie selbst.

„Keine Angst, aber ich werde einige davon abfeuern", sagte der Schneider. Das Kind, dessen beide Augen aus dem Kopf ragten, um zu sehen, was der Schneider tun würde, verwandelte sein jammerndes Geheul langsam in eine Art Ruf – an seinesgleichen, er solle kommen und ihn holen, sozusagen.

„Ich schicke dich nach Hause", sagte der Schneider, näherte sich der Wiege und streckte seine beiden Hände aus, um das Kind zu nehmen und es auf das große rote Torffeuer zu legen.

Bevor er ihn berühren konnte, sprang der kleine Kerl aus der Wiege und rannte zur Tür.

„Mein Rücken und meine Sohle sind für dich da!" sagte er, „wenn ich nur noch eine Nacht gehabt hätte, hätte ich dir noch ein oder zwei Tricks mehr zeigen können."

Dann flog die Tür mit einem Knall auf, als ob jemand sie aufgestoßen hätte, und er flog mit sich selbst davon wie ein Schuss. Draußen war lautes Gelächter und Spaß zu hören und das Geräusch vieler rennender kleiner

Füße. Sie selbst geht aus der Tür des Hauses, und Hom folgt ihr; Sie sehen niemanden, aber sie erblickten einen Schwarm tief hängender Wolken in Form von Möwen, die sich gegenseitig das Glen Rushen hinaufjagten, und dann drangen an ihre Ohren, als wären sie weit weg von den Wolken, scharfe Pfiffe und böses kleines Lachen wenn man sich über sie lustig macht. Als sie sich dann umdrehten, um zurückzukommen, sah sie plötzlich direkt vor sich ihr eigenes süßes, rosiges, lächelndes Kind, mit dem Daumen im Mund, auf einem moosigen Ufer liegen. Und sie nahm die ganze Freude des Kindes mit, dass es wieder gesund und munter zurück war.

DIE KLEINEN FUSSABDRÜCKE

In der Nähe des Niarbyl, dem großen Felsrücken, der sich bei Dalby ins Meer erstreckt, steht ein kleines Haus am Strand. Es ist durch den hohen Felsen geschützt, der sich über das Strohdach erhebt. Davor liegt Bay Mooar, die große Bucht, die von einer Kette lilafarbener Leng-Berge begrenzt wird. Wenn Sie vor der Tür stehen und nach Westen blicken, können Sie sehen, wie die Sonne hinter den fernen Mourne Mountains untergeht. Im Morgengrauen können Sie ihn über Cronk-yn-Irree-Laa, dem Hügel des aufgehenden Tages, aufsteigen sehen. Hier lebte Juan, der Fischer.

Er wusste so gut wie jeder andere Mensch, dass die kleinen Leute überall waren. Als Junge hatte er in mondhellen Nächten oft aus der Tür geschaut, um zu versuchen, sie beim Tanzen am einsamen Ufer zu sehen. Er hatte sie nicht gesehen – sie machen sich unsichtbar, wenn sie wissen, dass sterbliche Augen auf sie gerichtet sind. Aber er hatte die winzigen Reitlichter ihrer Heringsflotte in der Bucht gesehen und seinem Vater geholfen, die Netze voller guter Fische einzuholen, die in der Nacht danach sicher gefangen werden würden. Oftmals war er im Dunkeln aus seinem Schlaf aufgewacht und hatte in den Pausen des Windes und der Stille der großen Brandung das Hämmern gehört. Er wusste, dass es die Kleinen Leute waren, die in Ooig-ny-Seyir, der Küferhöhle, unter den Hügeln an ihren Heringsfässern hämmerten, und dass die Chips zu Schiffen wurden, als sie auf die Wellen flogen.

Er hatte die Geschichte des Fischers, eines Freundes seines Vaters, gehört, der eines Nachts in Lag-ny-Keilley fischte, als ein dichter grauer Nebel hereinzog. Er dachte, er sollte sich am besten auf den Weg nach Hause machen, solange der Fußweg über den Felsen frei war sichtbar. Als er seine Sachen zusammenpackte, hörte er etwas, das sich anhörte, als kämen viele Kinder aus der Schule. Er hob den Kopf und siehe, auf beiden Seiten des Felsens befand sich eine Flotte von Feenbooten, deren Fahrlichter wie kleine Sterne in einer frostigen Nacht leuchteten. Die Besatzungen schienen damit beschäftigt zu sein, sich darauf vorzubereiten, an Land zu kommen, und er hörte einen kleinen Kerl rufen:

„Hraaghyn hat so viel Obst und Gemüse gegessen, dass du es geschafft hast, es zu essen, aber es ist kein Gemüse mehr!"

Schlechte Zeiten und schmutziges Wetter, Hering genug bei den Menschen dieser Welt, nichts bei uns!

„Dann", sagte der Fischer, „sind sie abgestiegen und haben die Flitter verlassen."

Als Juan ein großer Junge war, sah er selbst etwas, das er nie vergaß. Eines Tages ließ er ein Boot auf der anderen Seite der Bay Mooar zurück und musste nachts hinüber, um es zu holen. Es war eine Mondnacht und die Bucht war so glatt wie Glas, als er hinüberruderte. Außer dem Plätschern der kleinen Wellen am Ufer und ab und zu dem Schrei eines Tölpels war kein Geräusch zu hören. Juan fand sein Boot am Strand, wo er es zurückgelassen hatte, und machte sich gerade daran, es zu Wasser zu lassen, als er glaubte, in einer der Höhlen in seiner Nähe ein schimmerndes Licht zu sehen, das nicht das Licht des Mondes war. Er blieb stehen, wo er war, und lauschte, und er hörte den Klang schwacher Musik. Dann ging er so leise wie möglich zur Höhle und schaute hinein. Dort war kein Licht außer dem schwachen Licht des Mondes. Die Schatten in den Ecken der Höhle waren pechschwarz.

Juan zitterte am ganzen Körper und blinzelte zunächst mit den Augen und konnte nichts sehen. Doch nach einigen Minuten sah er einen großen Stein mitten in der Höhle und den Boden aus feinem weißen Sand. Und im Sand rund um diesen Stein waren kleine Fußabdrücke – Spuren winziger Holzschuhe, nicht größer als sein Daumen!

DER GROßE MANN VON BALLACURRY

Tom Craine war um Mitternacht auf dem Heimweg von der Bradda-Mine zu seinem Haus in Colby. Die Straße war einsam und er traf niemanden, aber der Vollmond schien und es war so hell wie der Tag. Als er unter den Bäumen hindurchging, die rund um das Haus in Ballacurry wachsen, tauchte plötzlich ein kleiner Hund aus dem schwarzen Schatten am Straßenrand auf und folgte ihm auf den Fersen. Er pfiff ihm zu, aber als er den Kopf drehte, um es anzusehen, lief es vor ihm weiter, und eine Minute lang sah er es nicht. Als er es wieder sah, stellte er zu seinem Entsetzen fest, dass es größer geworden war – so groß wie eine Ziege – und es wurde immer größer, bis es die Größe eines Esels hatte! Es galoppierte vor ihm her und verschwand hinter der Straßenbiegung, wo sich das Tor von Ballacurry befindet. Als Tom zum Tor kam, sah er einen sehr großen, dünnen Mann, der darauf lehnte und die Arme darauf verschränkte. Das Biest war nicht da. Als Tom das Tor erreichte, drehte sich der große, dünne Mann um und ging den langen Weg hinauf, der zum Haus führt. Als er an der Tür ankam, drehte er sich erneut um und ging den Weg zurück auf Tom zu. Im hellen Mondlicht sah Tom die Spitzenrüsche um seinen Hals, den Satin seiner Kniebundhosen, die Seide seiner Strümpfe und die glänzenden Schnallen an seinen Schuhen – das Kleid vergangener Tage. Sein Gesicht war weiß und schrecklich. Als Tom hinschaute, überkam ihn plötzlich Angst und er rannte, so schnell er konnte, die Straße hinunter nach Colby.

Er war noch nicht weit gegangen, als er zwei seiner Freunde traf, Ben Mylechreest und Bill Teare. Er erzählte ihnen, was er gesehen hatte, und sie machten sich über ihn lustig und wollten nicht glauben, dass er so etwas gesehen hatte. Sie sagten, sie würden mit ihm zum Tor zurückgehen, also kehrten sie alle drei um. Als sie am Tor ankamen, sahen sie den großen Mann, so groß wie zwei Männer, mit dem Rücken zu ihnen den Weg hinaufgehen. Wie zuvor, als er die Tür erreichte, drehte er sich um – was sie sahen, erzählten sie keinem Mann!

Sie ergriffen alle drei die Flucht und rannten, bis sie nicht mehr rennen konnten. Sie zitterten von Kopf bis Fuß und der Schweiß strömte ihnen aus. Sie hatten zu viel Angst, um nach Hause zu gehen, also legten sie sich mit Tom ins Bett und schliefen alle drei in einem Bett.

NED QUAYLES GESCHICHTE VOM FEENSCHWEIN

Als ich ein kleiner Junge war, wohnten wir drüben bei Sloc. Eines Tages, als ich sechs Jahre alt war, gingen meine Mutter und meine Großmutter auf den Berg, um Heu zu machen, und ich blieb allein zurück. Es wurde ziemlich spät und sie waren nicht zurückgekommen, also hatte ich Angst und machte mich auf den Weg den Berg hinauf, um zu versuchen, sie zu finden. Ich war noch nicht weit gegangen, als ich ein kleines schneeweißes Schwein vor mir laufen sah. Zuerst dachte ich, es sei das Schwein eines Nachbarn und versuchte es zu fangen, aber es lief mir davon und ich rannte hinterher. Als es weiterging, sah ich, dass es nicht wie ein gewöhnliches Schwein aussah – sein Schwanz war gefiedert und wie ein Fächer ausgebreitet, und es hatte lange, lappende Ohren, mit denen er den Leng fegte. Ab und zu drehte es den Kopf und sah mich an, und seine Augen brannten wie Feuer. Wir stiegen immer höher den Berg hinauf, und plötzlich befand ich mich am Rand einer steilen Felswand und war schon fast am Ende. Ich drehte mich gerade noch rechtzeitig um und rannte so schnell ich konnte den Berg hinunter und das Schwein hinter mir her. Als ich über meine Schulter zurückblickte, sah ich, dass es über die großen Steine und Felsen am Berghang sprang, als wären es Lengbündel. Ich dachte, es würde mich erwischen; Es war dicht hinter mir, als ich durch unser Gartentor rannte, aber ich kam gerade noch rechtzeitig und knallte die Tür zu.

Ich erzählte meiner Mutter und meiner Großmutter, was passiert war, und meine Großmutter sagte, es sei ein Feenschwein. Ich war in dieser Nacht nicht wie ich; Ich konnte nichts zu Abend essen und ging bald zu meinem Bett; Ich konnte nicht schlafen, sondern lag da und wälzte mich hin und her; und war brennend heiß. Nach einer Weile öffnete meine Mutter die Tür, um zu sehen, ob ich schlief, und als sie mich ansah, WAREN IHRE AUGEN WIE DIE AUGEN DES SCHWEINES. Ich spürte, wie ein stechender Schmerz durch mein rechtes Bein ging wie ein Stich. Danach ließen mich die Schmerzen nicht mehr los; Es war so schlimm, dass ich es nicht ertragen konnte, berührt zu werden, und ich konnte nichts essen. Mir ging es immer schlechter, und nach ein paar Tagen sagte mein Vater, er würde mich zu einem Charmeur in Castletown bringen. Sie hoben mich in das Laken, vier Männer nahmen die vier Ecken, und trugen mich zu einem Karren. Ich werde nie das Zittern und Rütteln vergessen, das ich in diesem Wagen hatte. Als wir in Castletown ankamen, war ich mehr tot als lebendig.

Der Charmeur wohnte in der Arbory Street und sie brachten mich zu seinem Haus. Als er mich sah, sagte er, dass sie alle gehen und mich mit ihm allein lassen müssten, also gingen mein Vater und meine Mutter, um im The George auf mich zu warten. Der Charmeur trug mich in ein Zimmer im

Obergeschoss, schickte seine Frau weg, legte mich auf den Boden und schloss die Tür ab. Dann nahm er ein großes Buch heraus und legte es neben mir auf den Boden. Er öffnete es vor dem Bild einer kleinen Pflanze – ich kann die Pflanze noch heute sehen – und zeigte mit der linken Hand auf das Bild, und mit der rechten Hand machte er das Kreuzzeichen auf meinem Bein, wo der Stich war ging durch mich hindurch und sagte:

„Ich bin Skeaylley und mein Freund ist Ayr, Vac, Spyryd Noo und Ned Quayle. My she guin, ayns ennym y Chiarn, ta mee skealley eh ass yn eill, ass ny fehyn, as ass ny craueyn, was auf Englisch bedeutet – ich verbreite diesen Feenschuss im Namen des Vaters und des Sohnes und des Heiligen Geistes, Ned Quayle. Wenn es ein Feenschuss ist, verteile ich ihn im Namen des Herrn aus dem Fleisch, aus den Sehnen und aus den Knochen. In diesem Moment verließ mich der Schmerz. Ich hatte großen Hunger, und die Frau des Charmeurs setzte mich an einen Tisch und gab mir das Abendessen. Der Charmeur holte meinen Vater und meine Mutter ab, und als sie hereinkamen, aß ich wie zwei.

Der Charmeur sagte meiner Mutter, ich dürfe nicht noch einmal allein zwischen den Lichtern auf den Berg gehen. Der Schmerz kam nie zurück. Ich bin von diesem Tag bis heute gesund geblieben, aber ich habe die Narbe an meinem Bein, wo der Stich so klar wie Glas bis auf den Knochen durchgegangen ist.

SZENE: EIN DORF

Blackbird singt der hübschen Tochter des Gastwirts etwas vor.

Kione Jiarg, Kione Jiarg,

Apyrn doo, Apyrn doo,

Vel oo Cheet? Vel oo Cheet?

Skee Fieau, Skee Fieau,

Lhondoo, Lhondoo.

Roter Kopf, roter Kopf,

Schwarze Schürze, schwarze Schürze,

Kommst du? Kommst du?

Müdes Warten, müdes Warten,

Amsel, Amsel.

KITTERLAND

Vor mehr als achthundert Jahren, zur Zeit von Olaf Goddardson, lebte der Norweger Baron Kitter in Mann. Er hatte sein Schloss auf dem Gipfel von Barrule und verbrachte seine ganze Zeit damit, die Bisons und Elche zu jagen, die es damals auf der Insel gab, bis er sie alle getötet hatte. Dann begannen die Menschen zu fürchten, dass er ihr Vieh und das Schnurren der Berge jagen und ihnen überhaupt keine Tiere mehr hinterlassen würde, und so gingen sie zu den weisesten Hexen der Insel, um zu sehen, was sie tun könnten.

Eines Tages war Baron Kitter zum Kalb gegangen, um dort das Rotwild zu jagen, und hatte seinen Koch, Eaoch von der Lauten Stimme, im Schloss zurückgelassen, um sein Abendessen zu kochen. Eaoch stellte den Topf auf das Feuer und schlief dann über seiner Arbeit ein. Während er schlief, verzauberte die Hexenfrau Ada den Topf und das Fett kochte ins Feuer. Bald stand das Haus in Flammen. Eaoch erwachte und schrie laut um Hilfe, und seine Schreie waren so laut, dass sie die Ohren von Kitter und seinen Mitjägern erreichten, zehn Meilen entfernt auf dem Kalb.

Als Kitter die Schreie hörte und die Flammen auf dem Gipfel von Barrule sah, machte er sich so schnell er konnte auf den Weg zum Strand und machte sich mit den meisten seiner Freunde in einem kleinen Currach auf den Weg zur Insel. Als sie etwa auf halber Höhe des Kanals in der starken Strömung waren, stieß das Boot auf einen Felsen und sie ertranken alle. Der Felsen wird seitdem Kitterland genannt. Die übrigen Freunde Kitters, die auf dem Calf geblieben waren und ihnen so das Leben gerettet hatten, glaubten, dass Eaoch, der Koch, mit den Hexen der Insel einen Plan geschmiedet hatte, um alle Norweger in Mann zu vernichten, und brachten ihn deshalb vorher König Olaf wurde vor Gericht gestellt und zum Tode verurteilt. Aber nach norwegischem Brauch durfte er selbst entscheiden, wie er sterben wollte.

Dann sagte er:

„Ich möchte, dass mein Kopf auf eines der Beine Eurer Majestät gelegt und dort vom Schwert Eurer Majestät Macabuin abgeschnitten wird, das von Loan Maclibuin, dem Dunklen Schmied von Drontheim, angefertigt wurde!"

Jeder dort wusste, dass das Schwert des Königs den härtesten Granit nur durch Berührung mit seiner Schneide schneiden konnte, und alle flehten Olaf an, nicht zu tun, was der listige Eaoch verlangte. Aber der König wollte sein Wort nicht brechen und befahl, alles so zu tun, wie der Koch gesagt hatte.

Aber die Hexe Ada war da und sie sagte ihnen, sie sollten Krötenhäute, Zweige des Cuirn-Baums und Natterneier nehmen, jeweils neun mal neun, und sie zwischen das Bein des Königs und den Kopf des Kochs legen. Sie taten dies, und dann wurde das große Schwert Macabuin, hergestellt von Loan Maclibuin, von einem der treuen Diener des Königs mit größter Sorgfalt hochgehoben und sanft auf den Hals des Kochs gelegt, doch bevor es gestoppt werden konnte, wurde Eaochs Kopf von seinem Körper abgetrennt und auch die Eier der Kreuzottern und die Zweige der Küken wurden durchgeschnitten – nur die Häute der Kröten retteten das Bein des Königs.

Als der Dunkle Schmied hörte, dass die Macht des großen Schwertes Macabuin durch Hexerei gebremst worden war, war er sehr wütend und rief nach seinem Hammermann Hiallus-nan-urd, der ein Bein verloren hatte, als er bei der Herstellung des Schwertes half Schwert. Er schickte ihn sofort nach Peel Castle, um König Olaf oder einen seiner Männer zu einem Wanderrennen von Peel nach Drontheim herauszufordern. König Olaf selbst nahm die Herausforderung an und sie machten sich auf den Weg. Sie gingen über Berge und durch Kiemen, so schnell sie konnten, und der Einbeinige so schnell wie der König. Als sie die Insel überquert hatten, stach jeder mit einem Segelboot in See, und jeder von ihnen erblickte gleichzeitig Drontheim. Als sie sich der Schmiede näherten, rief der Hammermann, der vor ihnen war, Loan zu, er solle die Tür öffnen, und Olaf rief ihm zu, er solle sie schließen, und dann drängte er sich an Hiallus vorbei und gelangte als Erster in die Schmiede.

Um zu zeigen, dass er nach seinem Spaziergang überhaupt nicht müde war, ergriff Olaf den großen Hammer der Schmiede und versetzte dem Amboss einen so gewaltigen Schlag, dass er ihn und auch den darunter liegenden Block durchspaltete. Als Emergaid, die Tochter von Loan, die Stärke und Macht von Olaf sah, liebte sie ihn; Und während ihr Vater den Block und den Amboss zurücklegte, flüsterte sie dem König zu:

„Mein Vater tut das, damit er das Schwert, das er herstellt, fertigstellen kann." Es wurde vorhergesagt, dass das erste Blut, das es vergießen wird, königliches Blut sein wird, und er hat geschworen, dass dieses Blut dein sein soll.'

„Aber ist Ihr Vater nicht der siebte Sohn von Old Windy Cap, dem König von Norwegen?" rief Olaf.

„Das ist er", sagte Emergaid.

„Dann wird sich die Prophezeiung erfüllen", sagte Olaf, und er stieß das Schwert in das Herz von Loan und tötete damit auch den Hammermann.

Er machte Emergaid zu seiner Königin und sie regierten gemeinsam, und aus ihnen ging eine lange Linie von Königen von Mann hervor.

TEEVAL, PRINZESSIN DES OZEANS

In früheren Zeiten lebte Culain, der Schmied der Götter, auf der Isle of Mann. Es war die Zeit, als Conchubar am Hofe des Königs von Ulster war und nichts als das Schwert in der Hand hatte. Er war ein gutaussehender junger Mann und hatte sich vorgenommen, sich selbst zum König zu machen. Also ging er eines Tages zum Druiden von Clogher und fragte ihn, was er am besten tun sollte.

„Geh deinen Weg", sagte der Druide, „zur Isle of Mann." Dort wirst du den großen Schmied Culain finden. Lass dir von ihm ein Schwert, einen Speer und einen Schild anfertigen, und damit wirst du das Königreich Ulster erobern.'

Conchubar ging weg, mietete ein Boot und stach in See. Er landete in Mann und machte sich direkt auf den Weg zu Culains Schmiede. Es war Nacht, als er dort ankam, und der rote Schein des Ofens schien in die Dunkelheit. Er konnte aus der Schmiede das Dröhnen des Blasebalgs und das Klirren des Hammers auf dem Amboss hören. Als er näher kam, begann ein großer Hund, so groß wie ein Kalb, zu bellen und zu knurren wie Donner und führte seinen Herrn heraus.

„Wer bist du, junger Mann?" sagte er.

„Oh Culain!" rief Conchubar, „ich komme vom Druiden von Clogher, und er bat mich, dich zu bitten, mir ein Schwert, einen Speer und einen Schild anzufertigen, denn nur mit Waffen, die du gemacht hast, kann ich das Königreich Ulster gewinnen."

Culains Gesicht wurde zuerst schwarz, aber nachdem er Conchubar eine Weile angeschaut hatte, sah er, dass er den Ausdruck eines Menschen hatte, der weit gehen würde, und er sagte:

„Es soll für dich getan werden, aber du musst warten, denn die Arbeit ist lang."

Also begann Culain mit der Herstellung der Waffen und Conchubar wartete auf der Insel.

Früh an einem mutigen Maimorgen, als die Sonne gerade über Cronk-yn-Irree-Laa aufgegangen war, ging er am Strand entlang und fragte sich, wie lange Culain noch seine Waffen herstellen würde, und dachte, es sei höchste Zeit für seine Rückkehr . Die Flut ging zurück und die Sonne schien auf den nassen Sand. Plötzlich sah er ein paar Schritte von ihm entfernt etwas am Rand der Wellen aufblitzen. Er rannte darauf zu und siehe, es war die schönste Frau, die er je gesehen hatte, und schlief tief und fest. Ihr Haar war golden wie der blühende Ginster; Ihre Haut war weißer als der Schaum des

Meeres, ihre Lippen rot wie die Koralle und ihre Wangen rosig wie die kleinen Wölkchen, die vor dem Angesicht der aufgehenden Sonne flogen. Der Saum ihres Kleides aus vielfarbigen Algen hob und senkte sich mit dem Auf und Ab der Wellen. Perlen glänzten an ihrem Hals und ihren Armen. Conchubar stand auf und sah sie an. Er wusste, dass sie eine Meerjungfrau war und dass sie, sobald sie aufwachte, zurück ins Meer rutschen und für ihn verloren sein würde. Also fesselte er sie mit seinem Gürtel.

Dann erwachte sie und öffnete ihre Augen, die blau waren wie das Meer, und als sie sah, dass sie gefesselt war, schrie sie voller Angst: „Lose mich, Mann, lass mich los!"

Conchubar antwortete nicht, also sagte sie noch einmal: „Löse mich, ich flehe dich an!" mit einer Stimme, die so süß ist wie die Musik von Hom Mooar, dem Feen-Geiger.

Zu diesem Zeitpunkt hatte Conchubar das Gefühl, dass er alles geben würde, um sie zu behalten. Er antwortete zitternd: „Frau, mein Herz, wer bist du?"

„Ich bin Teeval, Prinzessin des Ozeans", sagte sie. „Lass mich frei, ich bitte dich."

„Aber wenn ich dich freilasse", sagte Conchubar, „wirst du mich verlassen."

„Ich kann nicht bei dir bleiben, Conchubar", rief sie; „Lass mich frei, und ich werde dir ein kostbares Geschenk machen."

„Ich werde dich verlieren", antwortete Conchubar. „Es ist nicht wegen der Gabe, sondern weil ich dir nicht widerstehen kann."

Er löste den Gürtel von ihr und sie sagte: „Mein Geschenk an dich ist folgendes: Geh jetzt zu Culain, der deinen Schild anfertigt, und sage ihm, dass Teeval, Prinzessin des Ozeans, ihn bittet, ihre Figur auf den Schild zu setzen und ihn zu runden." es, ihren Namen zu begraben. Dann sollst du es immer im Kampf tragen, und wenn du in mein Angesicht siehst und meinen Namen rufst, wird die Kraft deiner Feinde von ihnen verschwinden und in dich und deine Männer eindringen.' Als sie dies gesagt hatte, winkte sie Conchubar mit ihrem weißen Arm zu und stürzte sich in die Wellen. Er blickte lange traurig auf die Stelle, an der sie verschwunden war, ging dann langsam zur Schmiede von Culain und überbrachte ihm die Nachricht.

Culain vollendete den mächtigen Schild, wie die Prinzessin gesagt hatte, und schmiedete außerdem für Conchubar ein magisches Schwert mit goldenem Griff und einen mit Edelsteinen besetzten Speer. Dann kehrte Conchubar in seinem purpurroten Mantel und der mit Weißgold bestickten Tunika und bewaffnet mit seinem großen Schild und seinen mächtigen Waffen nach Irland zurück.

Alles, was die Prinzessin des Ozeans gesagt hatte, wurde wahr. Als er in die Schlacht zog, blickte er auf das schöne Gesicht in seinem Schild und rief „Hilfe, Teeval."

Dann spürte er, wie die Stärke eines Riesen in ihn eindrang, und er schnitt seine Feinde nieder wie Gras. Bald war er in ganz Irland für seine großen Taten berühmt und wurde schließlich König von Ulster. Dann lud er Culain ein, in seinem Königreich zu leben, und gab ihm die Ebene von Murthemny als Wohnsitz.

Aber er sah die schöne Meerjungfrau nie wieder.

DER ZAUBERERPALAST

Vor vielen Jahrhunderten gab es einen schönen Palast auf einem Berg, der aus dem Meer ragte. Es war wie ein Palast in einem Traum, erbaut aus glänzendem Marmor in allen Farben und mit großen, mit Gold bedeckten Türen.

Darin lebte der mächtige Zauberer, der es sich durch seine Zaubersprüche geschaffen hatte. Aber sein Hass auf andere Menschen war so groß wie seine Macht, und er erlaubte niemandem außer seinen eigenen Dienern, sich ihm zu nähern, und sie waren böse Geister. Wenn jemand es wagte, den Palast zu besichtigen, um Arbeit zu bitten oder um Almosen zu betteln, würde man nie wieder von ihm hören. Seine Freunde würden vielleicht nach ihm suchen, aber sie würden ihn nie finden. Bald fingen die Leute an zu flüstern, dass einige der Granitblöcke in der Nähe des Palastes den Männern ähnelten, die den Berg hinaufgegangen waren und nie zurückgekehrt waren. Sie begannen zu glauben, dass der Zauberer sie gefangen und zu grauem Stein eingefroren hatte. Schließlich wurde der Zauberer zum Schrecken der ganzen Insel, so dass niemand mehr als mehrere Meilen an seinem Palast vorbeikam. Die Menschen auf dieser Seite der Insel flohen aus ihren Häusern und der Ort war einsam und verlassen.

So ging es drei Jahre lang weiter, bis eines Tages zufällig ein armer Mann, der auf den Häusern unterwegs war, auf dieser Seite der Insel reiste und nichts von diesem Zauberer wusste. Sein Weg führte ihn über den Berg, wo der Zauberer lebte, und als er sich ihm näherte, war er erstaunt, den Ort so still und trostlos zu sehen. Er hatte sich auf die übliche Verpflegung und Unterkunft sowie den freundlichen Empfang gefreut, aber er fand, dass die Häuser leere Ruinen waren und die freundlichen Landleute verschwunden waren. Und wo war das Stroh und Heu, das in der Scheune ein so gemütliches Bett bildete? Unkraut und Steine lagen dicht auf den Feldern. Die Nacht kam über ihn, und er ging und ging; aber er konnte nie ein bisschen Schutz finden und wusste nicht, wohin er gehen sollte, um ein Bett zu bekommen. „Es ist eine mitteldunkle Nacht", dachte er; „Aber es ist besser, weiterzugehen als zurück – eine Straße, auf der ein Körper benutzt wird, ist für sie kein Problem, egal ob es Nacht ist oder nicht." Er reiste auf der alten Straße über den Berg und sang dabei „Colcheragh Raby", um sich Gesellschaft zu leisten, und nach einer langen Weile sah er in der Ferne ein Licht. Das Licht wurde immer heller, bis er zu einem großen Palast kam, in dem alle Fenster erleuchtet waren. Der Gesang ging ihm völlig aus der Seele.

„Um Himmels willen, wo bin ich überhaupt? „Das ist ein schrecklich großes Haus", sagte er sich; „Woher kommt es überhaupt?" So etwas hat noch nie jemand mit nacktem Oberkörper gesehen – sonst wo bin ich überhaupt, überhaupt?'

Es fiel ihm schwer, zur Tür zu gelangen, während die Steinblöcke wie erstarrte Menschen herumlagen.

„Ich würde schwören", sagte er zu sich selbst, als er über eines stolperte, „dass das der kleine Neddy Hom war, der Zwergenmann, der vermisst wird, nur dass es aus Stein ist."

Als er an die große Tür kam, war sie verschlossen. Durch eines der Fenster sah er einen Tisch, auf dem das Abendessen bereit stand, aber er sah niemanden. Er war sehr müde und hungrig, aber er hatte Angst, an die Tür eines so schönen Ortes zu klopfen.

„Ach, dieser Ort ist zu groß für Leute wie mich!" sagte er.

Er setzte sich draußen auf einen der Marmorsitze und sagte:

„Ich werde mich hier bis zum Morgen ausruhen, es ist eine mittelmäßige Nacht."

An diesem Tag hatte man ihm in der letzten Stadt, die er durchquert hatte, Fleisch und Brot gegeben. Er war hungrig und dachte, er würde etwas essen, also öffnete er seine Brieftasche und holte ein Stück Brot und Fleisch heraus, dann steckte er seine Hand in die Tasche und holte eine Prise Salz in einem Stück Papier hervor. Als er das Papier öffnete, fielen einige Salzkörner auf den Boden. Kaum war dies geschehen, ertönte aus dem Boden unter ihm das schrecklichste Stöhnen, starke Winde wehten aus allen Himmelsrichtungen, Blitze zuckten in der Luft, schrecklicher Donner krachte über seinen Köpfen und der Boden bebte unter seinen Füßen; und er wusste, dass um ihn herum viel Gesellschaft war, obwohl kein Mann zu sehen war. In weniger als einem Moment zerbrach der große Palast in hunderttausend Teile und verschwand in der Luft. Er befand sich auf einem weiten, einsamen Berg, und im grauen Licht der Morgendämmerung war keine Spur des Palastes zu sehen.

Er ging auf die Knie und sprach ein Dankgebet für seine Flucht, dann rannte er weiter zum nächsten Dorf, wo er den Leuten alles erzählte, was er gesehen hatte, und froh war, dass sie vom Verschwinden des Zauberers hörten.

DIE VERZAUBERTE INSEL

Draußen unter der Irischen See, fünfzehn oder sechzehn Meilen südwestlich des Calf, liegt eine verzauberte Insel. Vor langer, langer Zeit befand es sich auf der Wasseroberfläche – das war zu der Zeit, als Manannan in Mann herrschte –, aber als der heilige Patrick Manannan und seine Männer in Form von dreibeinigen Kreaturen von der Insel vertrieb, stießen sie auf diese Insel . Manannan ließ es auf den Meeresgrund fallen, und sie wurden nicht mehr gesehen.

Jetzt ist es die Heimat von Manannan Mac y Leirr, dem Sohn des Meeres, und er regiert es wie früher Mann. Aber einmal in sieben Jahren, wenn der Alte Mai auf einen Sonntag fällt, kann man die Insel sehen. Es erhebt sich kurz vor Sonnenaufgang aus dem Meer, wie eine wunderschöne Vision, und Manannan blickt noch einmal auf Ellan Vannin. Die Hügel der verzauberten Insel sind grün, weißer Schaum umgibt sie, und wenn Sie nahe genug sind, können Sie die wehenden Arme und goldenen Haare der Meerjungfrauen am Wasser sehen, die ihre glitzernden Juwelen waschen, und den Gesang der Vögel hören riechen Sie den wohlriechenden Duft der Blumen. Doch als die ersten Sonnenstrahlen auf seinen höchsten Hügeln ruhen, versinkt es im tiefen, tiefen Meer.

GESCHICHTEN ÜBER VÖGEL

I. Die Raben

Zwei Raben trafen sich einmal und einer fragte den anderen in Vogelsprache:

„Gibt es bei dir nichts Neues?"

„Das weiße Pferd ist tot", sagte er.

'Ist er dick? Ist er dick?' sagte der andere.

„Köstlich, köstlich", sagte er.

Da bereute er, dass er ihm das gesagt hatte, und rief:

„Nackte Knochen, nackte Knochen!"

II. Amsels Morgenlied

Der alte Robin Quirk saß eines schönen Morgens und sonnte sich vor der Tür seiner Hütte, als die Amsel, die im Tramman-Baum in seinem Garten lebte, herabflog, sich neben Robin niederließ und auf Manx mit ihm zu sprechen begann:

„Irree, Robin, als Gow Smook." „Steh auf, Robin, und nimm eine Zigarette."

„Cha nel thombaga aym." „Ich habe keinen Tabak", sagte Robin.

„Kionn eh, kionn eh." „Kauf es, kauf es", rief Blackbird.

„Cha nel ping aym." „Ich habe keinen Penny", sagte der arme Robin.

„Gow äh Tag, gow äh Tag." „Glauben Sie es, glauben Sie es", war Blackbirds schlechter Rat.

„Cha der ad dayl dou, Junge." „Sie werden mir keine Anerkennung zollen, Junge."

„Hör auf, eisht, hör auf, eh." „Dann hör auf damit, hör auf", pfiff Blackbird, flog nach Hause und beendete die Diskussion.

„Die Unzugänglichkeit der Sünde steckt in diesen Amseln!" sagte Robin.

III. Wie der Zaunkönig zum König der Vögel wurde

Vor langer, langer Zeit, bevor du und ich geboren wurden, versammelten sich die Vögel der Lüfte aus allen Windrichtungen in Tynwald. Das Treffen sollte ein für alle Mal die Streitereien und Streitereien unter ihnen darüber klären, wer von ihnen der Klügste sei, und man kam überein, dass der klügste Vogel

König sein sollte. Der Himmel war schwarz vor ihnen, groß und klein, und bald hatten sich alle versammelt. Überall saßen Gruppen von Vögeln in einer Reihe, gurrten, schimpften oder schliefen. Einige trugen feine, schwarze Sonntagsmäntel wie der alte Parson Gull, andere waren nur in Alltagsbraun gekleidet wie der arme Brownie, der Heckensperling; aber die meisten trugen rote oder gelbe Leggings, während der Chough ein neues Paar leuchtend roter hatte. Der gelbe Tommy, der Dandy, putzte sich und schaukelte auf einem Ginsterstrauch. Der alte Greyback, die Krähe, saß schweigend, aber aufmerksam auf einem Felsen über ihm und aß Flitter; und über allem der blaue Bogen des Himmels, in dem regungslos ein breitflügeliger Adler hing.

Der Corncrake verkündete offiziell: „Raip, raip" (bereit, bereit). Dann stand jeder der Reihe nach auf und erzählte von all den tollen Dingen, die er tun konnte. Der Falke prahlte damit, dass er und sein Gefährte das Königreich Mann mit all seinen Rechten wert seien; Lhondoo, die Drossel, sang ihnen ihr Bestes vor – es war eine Freude, ihr zuzuhören, und für einen Moment dachte sie, dass sie gewählt werden würde; Die Flamme des Waldes, der Stieglitz, breitete ihr leuchtendes Gefieder aus; Die Gabel des Windes, die Schwalbe, erzählte von ihrer Schnelligkeit und ihren Reisen in warme Länder im Süden; der Brachvogel, von ihrem Reichtum – „Der Brachvogel sei arm oder fett, er trägt eine Grütze auf dem Rücken", sagte sie und zeigte das Zeichen von 4, das sie trägt. Als der Kuckuck aufstand, sprang der Wiesenpieper aus einer Gruppe heraus und tanzte umher, rief seinen Namen, um die Aufmerksamkeit auf sich, den kleinen Narren, zu lenken, und sagte: „Jeder Vogel soll seine eigenen Eier ausbrüten", so war der arme Kuckuck." Ich habe es nicht gehört. Zwischen der Elster und der Dohle kam es zu einem lautstarken Streit darüber, wer der beste Dieb sei. Endlich stand die kleine Jinny Wren auf, um zu Wort zu kommen, nachdem alle Großen es getan hatten. „Ha, ha, ha", lachte die Schnepfe, und alle Vögel kicherten; Aber Jinny Wren hat trotz alledem die Oberhand gewonnen. Sie sagt:

Obwohl ich klein bin und mein Bein schlank ist,

Zwölf Küken kann ich aus dem Ei holen.

Und die Vögel waren sich einig, dass Jinny wieder so schlau war wie die Besten von ihnen. Aber dem Adler gefiel es nicht, dass ein kleiner Vogel wie Jinny Wren über ihm sein sollte. Also überlegte er eine Minute und sagte dann, mittelmäßig verärgert: „Vögel, es ist nur richtig, dass der beste Vogel auf dem Flügel König ist; Lasst uns einen Lauf versuchen, um zu sehen, wer von uns am höchsten sein kann.' Hullad, die Eule, sah nachdenklich aus und sagte: „Ich habe noch nie etwas gesehen, wofür es sich zu fliegen lohnt." Aber die Vögel sagten: „Tat, das wäre gar keine schlechte Idee." Gesagt, getan. Jinny Diver, der Kormoran, gab den Pfiff zum Fliegen und machte sich sofort auf den Weg. Der Adler raste auf großen, starken Flügeln voran, die Kleinen folgten ihm, Pompee-ny-Hoarn, der fette Vogel der Gerste, der sich weit hinten aufhielt. Aber die Sieben Schläfer, die Fledermaus, der Steinchat, der Kuckuck Cooag und die anderen rührten sich nicht – der Schlaf war auf sie gefallen. Der Adler flog immer höher und weiter, der Sonne entgegen, bis er keine Feder mehr heben konnte. Dann spähte er ins Blaue zu den Vögeln weit, weit unten und stieß einen Schrei aus sich heraus:

„Ta mish Ree ny Ein, Ree ny Ein.“

„Ich bin König der Vögel, König der Vögel.“

Aber der kleine Jinny Wren war auch dort wieder einer zu viel für ihn. Sie hatte ihn an einer Feder unter seinem großen, breiten Flügel festgehalten und sich versteckt. Und als er „Ta mish Ree ny Ein“ rief, flog sie auf seinen Kopf und rief: „Cha nel, cha nel, ta mish er-y-skyn.“

„Nicht so, nicht so, ich stehe über ihm, ich stehe über ihm.“

Der Adler ließ sich fallen, und der Zaunkönig ließ sich fallen, atemlos, aber König der Vögel.

Und deshalb gehen die Jungs bis heute am Stephanstag herum und singen:

Der Zaunkönig, der Zaunkönig, der König aller Vögel,

Wir haben den Stephanstag im Ginster gefangen,

Obwohl er klein ist, ist seine Familie zahlreich;

Wir bitten dich, gute Frau, gib uns einen Tropfen zu trinken.

DER MODDEY DOO ODER DER SCHWARZE HUND VON PEEL CASTLE

Zu der Zeit, als Karl II. König in England und Karl, Earl of Derby, König in Mann war, war Peel Castle immer mit Soldaten besetzt. Der Wachraum befand sich direkt innerhalb des großen Eingangstors der Burg und ein Durchgang führte von dort durch eine der alten Kirchen zum Raum des Hauptmanns der Wache. Am Ende des Tages schloss einer der Soldaten die Burgtore ab und trug die Schlüssel durch den dunklen Gang zum Kapitän. Sie würden es abwechselnd tun.

Ungefähr zu dieser Zeit bemerkten einige, manchmal in einem Raum, manchmal in einem anderen, einen großen schwarzen Hund mit rauem, lockigem Haar. Er gehörte dort niemandem und niemand wusste etwas über ihn. Aber jede Nacht, wenn im Wachstube die Kerzen angezündet waren und das Feuer hell brannte, kam er aus dem dunklen Gang und legte sich an den Kamin. Er gab keinen Laut von sich, sondern lag bis zum Tagesanbruch da, dann stand er auf und verschwand im Flur. Die Soldaten fürchteten sich zunächst vor ihm, aber nach einer Weile gewöhnten sie sich an seinen Anblick und verloren etwas von ihrer Angst, obwohl sie ihn immer noch als etwas mehr als Sterbliches ansahen. Während er im Raum war, waren die Männer ruhig und nüchtern, und es wurden keine bösen Worte gesprochen. Wenn die Stunde gekommen war, dem Kapitän die Schlüssel zu überbringen, gingen immer zwei von ihnen zusammen – kein Mann würde den dunklen Durchgang allein bewältigen.

Eines Nachts jedoch hatte ein dummer Kerl mehr getrunken, als ihm gut tat, und begann zu prahlen und zu prahlen, dass er keine Angst vor dem Hund hatte. Er war nicht an der Reihe, die Schlüssel zu nehmen, aber um zu zeigen, wie mutig er war, sagte er, dass er sie alleine nehmen würde. Er forderte den Hund heraus, ihm zu folgen.

„Lass ihn kommen", rief er lachend; „Ich werde sehen, ob er ein Hund oder ein Teufel ist!"

Seine Freunde hatten Angst und versuchten, ihn zurückzuhalten, aber er schnappte sich die Schlüssel und ging auf den Flur hinaus.

Der schwarze Hund stand langsam vor dem Feuer auf und folgte ihm.

Im Wachraum herrschte Totenstille – außer dem Schlagen der Wellen auf den steilen Felsen der Burginsel war kein Laut zu hören.

Nach ein paar Minuten erklangen aus dem dunklen Gang die schrecklichsten und unheimlichsten Schreie und Geheul, aber kein Soldat wagte es, sich zu bewegen, um zu sehen, was los war. Sie sahen sich entsetzt an. Plötzlich hörten sie Schritte, und der unbesonnene Kerl kam zurück ins Zimmer. Sein Gesicht war gespenstisch blass und vor Angst verzerrt. Er sprach weder damals noch danach ein Wort. Innerhalb von drei Tagen war er tot und niemand wusste jemals, was in dieser schrecklichen Nacht mit ihm passiert war.

Der Schwarze Hund wurde nie wieder gesehen.

KLEINER ROTER VOGEL

Kleiner roter Vogel des schwarzen Rasenbodens,

Wo hast du letzte Nacht geschlafen?

Ich habe letzte Nacht oben auf dem Dornbusch geschlafen,

Und oh! Was für ein schrecklicher Schlaf!

Kleiner roter Vogel des schwarzen Rasenbodens,

Wo hast du letzte Nacht geschlafen?

Ich habe letzte Nacht oben im Busch geschlafen,

Und oh! Was für ein schrecklicher Schlaf!

Kleiner roter Vogel des schwarzen Rasenbodens,

Wo hast du letzte Nacht geschlafen?

Ich habe letzte Nacht auf dem Dachfirst geschlafen,

Und oh! Was für ein schrecklicher Schlaf!

Kleiner roter Vogel des schwarzen Rasenbodens,

Wo hast du letzte Nacht geschlafen?

Ich habe letzte Nacht zwischen zwei Blättern geschlafen

Als Baby zwischen zwei Decken ganz entspannt,

Und oh! Was für ein friedlicher Schlaf!

Ein altes Manx-Wiegenlied.

TEHI TEGI

Vor vielen Jahrhunderten gab es auf der Insel eine Hexe, die sich zur schönsten und klügsten jungen Frau der Insel machte. Ihre Vorliebe für Schönheit wurde in dieser sterblichen Welt noch nie zuvor gesehen. Wenn sie spazieren ging oder ritt, vergaßen sogar die Vögel der Lüfte zu singen, weil sie sie ansahen, und ihre süße Stimme lockte sie von den Bäumen herab dazu, ihr zuzuhören. Sogar die Tiere blieben stehen, bis sie vorbeikam, denn ihre Schönheit verzauberte sie. Und was die Männer betrifft, die armen Geschöpfe, sie strömten von allen Seiten der Insel herbei, um sie zu umwerben, und als sie ihr einmal ins Gesicht geblickt hatten, wollten sie sie nie mehr verlassen. Sie vergaßen alles andere auf der Welt – allen Kummer und alle Sorgen, Heimat und Land, bis schließlich alles auf der Insel zum Stillstand kam, weil die Männer folgten, wohin diese junge Hexe sie führen wollte. Ihre Höfe waren leer, denn sie pflügten nicht und säten nicht, und ihre Häuser blieben leer, denn sie bauten weder, noch reparierten sie. Sie schnitten keinen Rasen und zogen kein Leng für Feuer. Ihre Felder waren mit Steinen bedeckt, so dass das Vieh aus Mangel an Weide starb, und ihre Gärten waren voller Unkraut. Überall auf der Insel herrschte eine seltsame Stille – nirgendwo waren Kinderstimmen zu hören. Die Hexe lachte nur, als sie sah, was ihre Schönheit bewirkt hatte, und sie hielt alle Männer in ihrer Nähe, indem sie jeden glauben ließ, er selbst sei der Auserwählte. Wenn jemand sie bat, ihn zu heiraten, antwortete sie: „Vielleicht werde ich es tun", und dann sagte sie dasselbe zum nächsten. Also verbrachten sie ihre Tage damit, sich selbst zu vergnügen. Als sie auf diese Weise die Männer der Insel zu Sklaven gemacht hatte, sagte sie eines Tages:

„Sattel mir mein Pferd, denn ich habe Lust zu reiten."

So brachten sie ihr milchweißes Pferd, beschlagen mit goldenen Hufen, mit einem Stück Gold und einem mit Juwelen besetzten Zaumzeug, mit einem Sattel aus Perlmutt und einer Schabracke aus Blau. Tehi Tegi stieg auf, und die Wellen ihres goldenen Haares flossen über ihr strahlend weißes Kleid.

„Ich gehe", sagte sie, „für einen Tag aufs Land, und wenn Sie möchten, können Sie mir zu Fuß folgen."

Sie ritt und bahnte sich ihren Weg unter schattigen Bäumen und durch grasbewachsene Gassen, wo Glockenblumen und Primeln so dicht wuchsen wie das Gras und die Hecken gelb von Ginster waren. Sie ging weiter an mit Steinen bedeckten Feldern vorbei, die einst feines Maisland waren; und weiter ging sie an ihrer Spitze vorbei an einsamen kleinen Tholthanen vorbei, deren Dächer in den Herd eingesunken waren, und dann an Stellen vorbei, an denen einst Häuser gestanden hatten, die jetzt von Brennnesseln und einem alten Trammanbaum markiert sind. Ihr Weg stieg hinauf zwischen Hügeln, die im Maisonnenlicht glänzten, und durch Kiemen, wo kleine Bäche zwischen mit Farnen, Dornensträuchern und vielen Blumen bedeckten Ufern hinab zum blauen Meer flossen.

Schließlich befanden sie sich am Ufer eines hellen, schnell fließenden Flusses, und sie verzauberte ihn und ließ ihn seicht und so glatt und klar wie Glas erscheinen, sodass die kleinen Steine am Grund kaum bedeckt waren. Als sie dann alle anfingen, hindurchzuwaten, hob sie den Zauber auf, und das Wasser strömte über ihre Köpfe hinweg und verschlang die sechshundert armen Liebenden. Damit verwandelte sie sich in eine Fledermaus, erhob sich in die Luft und flog außer Sichtweite. Ihr milchweißes Pferd verwandelte sich in einen Perkin, stürzte auf den Grund des Baches, schwamm ins Meer hinaus und wurde nie wieder gesehen.

Von da an ließen die Weisen der Insel ihre Frauen zu Fuß gehen und ihren Männern folgen, wohin sie auch gehen sollten, damit sich ein solcher Unfall nicht noch einmal ereignete. Wenn zufällig eine Frau zuerst ging, rief jeder, der sie sah: „Tehi Tegi!" Tehi Tegi!'

JOHN-Y-CHIARNS REISE

John-y-Chiarn hat die größte Reise seines Lebens unternommen, ohne es überhaupt vorzuhaben.

Eines Nachts war er auf dem Weg nach Ballaquirk, nahm sich Zeit und dachte an seine jüngeren Tage, als er plötzlich ein lautes Gemurmel von Leuten hinter sich hörte, und bevor er Zeit hatte, sich umzusehen, spürte er, wie es ihm schlecht ging rempelte und eine Stimme fragte ihn – auch mittelscharf:

„Was haben Sie zu dieser Nachtzeit hier auf unserem Weg zu suchen?"

„Es tut mir leid, jemandem Ärger zu bereiten", sagte John; „Ich komme über die Hecke von der Straße."

Dann kam der Anführer und berührte ihn mit dem kleinen Stock, den er trug, und sagte zu den anderen:

„Wir nehmen ihn mit; er wird unter den anderen nützlich genug sein.'

Daraufhin ertönte ein lautes Kichern, und John spürte, wie er sich ganz veränderte, und etwas wie eine Last lastete auf seinem Rücken. Dann machten sie alle gemeinsam weiter, unterhielten sich und lachten. Sobald sie jedoch in die Nähe der Ballaragh-Kapelle kamen, war alles so still wie im Grab. Die Häuser waren dunkel und das Einzige, was sie regten sahen, war Quilleashs Hund, und sobald er „Selbst" roch, rannte er mit eingezogenem Schwanz davon.

Es war eine schöne, entspannte Nacht mit nur einem Hauch von sanftem Nebel und etwas Luft, die vom Berg herunterkam, als wir in Dreem-y-Cuschaage ankamen. Dort ließ der Anführer das Horn seines großen Widders ertönen, und als sie zum Dhoon galoppierten, kamen noch einige weitere Lil Fellas aus der Kieme hervor und gesellten sich zu ihnen, und es wurde noch mehr geredet und gelacht. Er blies eine weitere Explosion nach Ballellin, denn dort konnten sie sehen, wie der Nebel von Creg-ny-Molt herabrollte.

Erneut blies er nach Ballagorry, und sie ließen etwas nach, und man hätte meinen können, das ganze Tal wäre von den Echos aufgewacht. Unten an der Brücke konnten sie sehen, wie die Lichter wie Irrlichter umhergingen. Dann rief der Anführer:

„Stellt euch dort in eure Reihen, meine Jungs", und die Maughold Lil Fellas stellten sich in Reihen auf den Brückenwänden auf, direkt unter den großen Kirschbäumen, und hielten ihre bunten Laternen an die Spitzen ihrer Stöcke, um Licht in den Dreck zu bringen drehen; Als dann alle vorbei waren, schlossen sie sich an und folgten ihnen. Davon gingen sie alle, Slieu Lewaige hinunter, bereit, sich das Genick zu brechen. Sie ließen etwas nach, als sie

Folieu erreichten, und ließen sich dann Zeit bis zur Ballure-Brücke, wo in einem Baum über der alten Mühle eine große Laterne hing. Sobald sie dies sahen, bliesen zwei von ihnen in die Hörner, und dann kam eine Schar von Reitern aus der Mühle und blies ebenfalls in die Hörner. Sie drehten die Kieme hoch und plötzlich befand sich die ganze Menge, darunter auch John, mitten in einem großen Lager der Lil People. Überall in den Bäumen hingen Lichter, unter den Kauri-Töpfen loderten Feuer und Musiker spielten schöne Musik. Oh, was für eine Freude! Einige gingen umher, gaben Hornlöffel für Kauri und Binjean und verteilten dann Haferbrot, Käse und den Tramman-Wein. Dann stiegen die kleinen Geigenspieler, Flatterspieler, Schilfrohrspieler und Trommler auf die Spitze eines großen Felsens, und die Lil Fellas begannen zu tanzen, bis Johns Kopf die Spule berührte und ihnen zusah. Es war ein großartiger Anblick, die netten kleinen Mädchen in ihren roten Unterröcken und weißen Strümpfen und Schuhen mit silbernen Schnallen und kleinen Glöckchen zu sehen, die alle in ihren Haaren klingelten; und die Lil Men in ihren weißen Kniebundhosen, Loghtan-Strümpfen und gefleckten Carranes. Mittendrin tauchte der kleine Kapitän auf und –

„John", sagt er. „Was hältst du von diesem Anblick, Junge?"

„Es ist tödlich", sagt John. „Weit vor einem der Karnevale, die ich zuvor gesehen habe; und wie lange wird es dauern?

„Vielleicht vierzehn Tage", sagte er und lachte herzlich. „Und vielleicht noch mehr, also gehst du besser zu deinen eigenen Leuten zurück."

„Wie komme ich überhaupt zurück, und zwar auch im Dunkeln?" sagt John.

„Tchut, Mann", sagte er und schlug John erneut mit seinem kleinen Stock auf den Kopf.

John konnte sich an nichts mehr erinnern, bis er bei Tagesanbruch in der Nähe seines eigenen Hauses aufwachte, und die lange Reise machte ihm nichts aus.

EIN BÖSER WUNSCH

Mögen der Kaminhaken und die Topfhaken

Gegen dich erhebt sich ein grausamer Krieg;

Die Schöpfkelle, das Geschirr und der Topfstab,

Bereiten Sie sich auf den Schreckensangriff vor.

Mögen der Pot-Stick und die runden Tische,

Cresset, Noggin und Baumarkt,

Alle helfen, dich zu zerreißen, zu häuten und zu häuten

Als es unter ihnen auf den Boden fiel.

Was wäre, wenn der gefleckte Wasserbulle

Und das Glashtan würdest du für alle nehmen

Und der Fynoderee des Tals watschelte,

Um dich zu einem Stützpunkt gegen die Wand zu machen .

Die Fee vom Glen und dem Buggane,

Finn MacCool und seine ganze Gesellschaft;

Mögen sie sich um dein Bett versammeln,

Und in einem Strohseilkorb renne mit dir davon.

Aus einer alten Manx-Ballade.

DIE HEXE VON SLIEU WHALLIAN

Es war Mittsommertag, und die Peel Herring-Flotte war mit halb gesetzten Segeln zur See bereit. Die Männer hatten ihre Gerste gesät und ihre Kartoffeln abgeholzt, und nun waren ihre Boote aufgetakelt und Netze an Bord verstaut, und sie waren bereit für die Ernte auf dem Meer. Es war ein schöner Tag, der Himmel war klar und der Wind wehte aus der richtigen Luft, nämlich aus Norden. Aber wie heißt es so schön: „Wenn der Brauch nicht zum Brauch wird, wird der Brauch weinen." Ein Becken voll Wasser wurde aus dem Heiligen Brunnen geholt und der weisen Frau, die schöne Winde verkaufte, übergeben, während sie mit den Frauen und Kindern am Hafen stand und auf die Boote aufpasste. Sie sagten ihr, sie solle nachsehen und vom Glück der Heringsflotte erzählen. Sie beugte sich über das Wasser und als sie hinsah, wurde ihr Gesicht vor Angst blass und sie keuchte: „Hurroose, hurroose!" Und wissen Sie, was ich sehe?

„Lasst uns hören", sagten sie.

Ich sehe die wilden Wellen, die vom großartigen Bradda Head zum Schäumen gebracht werden.

Ich sehe die Brandung rund um den Chicken's Rock und die Lippe des Brechers ist rot;

Ich sehe, wo im Sund Leichen herumgeworfen werden, mit Netzen, Ausrüstung und Spieren,

Und niemals reitet einer der Fischereiflotten unter den Sternen.

Es herrschte tote Stille, und die Männer versammelten sich dicht beieinander und murmelten, bis Gorry, die Admiralin der Fischereiflotte, vortrat, ihr das Becken aus den Händen nahm und es knurrend ins Meer warf:

„So wahr ich lebe, so gut ich lebe, Frau, ich bin mehr als halb im Willen, dich hinterherzuwerfen." Wenn es nach mir ginge, würden Sie und Ihre Mannschaft ins Meer geschleudert. Jungs, werden wir wegen dieses Bläschens eine Chance verlieren? Komm, lass uns gehen und es mit der Hilfe Gottes schaffen.

„Ja, kein Hering, keine Hochzeit. „Lass uns gehen und es probieren", sagte der junge Cashen.

Also hissten sie die Segel und verließen den Hafen. Als das Land weit genug geöffnet war, sodass sie das Kalb sehen konnten, machten sie sich auf den Weg nach Süden und machten sich auf den Weg zur Schulter. Bald brachte eine feine Brise sie in den Fischgrund, und jeder Mann hielt Ausschau nach Anzeichen von Heringen – Barken, Basstölpeln, an der Oberfläche spielenden Fischen, öligem Wasser und dergleichen. Als die Sonne unterging und der Abend zu dunkel war, um die Admiralsflagge zu sehen, streckte der Kapitän jedes Loggers seinen Arm in voller Länge aus, und als er das Schwarze in seinem Daumennagel nicht mehr sehen konnte, befahl er den Männern zu schießen ihre Netze. Und als sie sich zu ihren Zügen legten, geschah alles, wie die Hexe gesagt hatte. Bald nahm das Meer ein anderes Gesicht an, der Westwind blies einen plötzlichen Sturm und ließ die Wellen mit Schaum anschwellen. Die Boote wurden hin und her getrieben, und die Anker zogen schnell hinter sich her. Dann hissten die Männer vor dem Wind die Segel und kämpften darum, wieder an Land zu gelangen, und der Blitz war alles Licht, das sie hatten. Es war so schwarz und dunkel, dass sie keinen Hügel sehen konnten, und über dem Tosen des Meeres konnten sie das Rauschen der Brandung an der felsigen Küste hören. Die Wellen stiegen wie Berge, brachen über die Boote und bedrängten sie vom Bug bis zum Heck. Sie wurden auf den Felsen des Kalbs zerschmettert und nur zwei Männer kamen mit dem Leben davon.

Aber es gab ein Boot, das vor dem Sturm sicher in den Hafen zurückgekehrt war, und das war das Boot der Seven Boys. Sie war ein Dalby-Boot und gehörte sieben jungen Männern, die alle unverheiratet waren. Sie waren immer gut zu Dooinney Marrey, dem Meermann, und wenn sie ihre Netze einholten, warfen sie ihm eine Schüssel Hering zu, und als Gegenleistung hatten sie immer viel Glück beim Angeln. In dieser Nacht, nachdem die Flotte irgendwann ihre Netze abgeschossen hatte, hörten die Sieben Jungen die Stimme des Wassermanns, der sie begrüßte und sagte:

„Jetzt ist es ruhig und gut; Es wird bald genug Sturm geben!'

Als der Kapitän das hörte, sagte er: „Jeder Hering muss an seinen eigenen Kiemen hängen", und er und seine Mannschaft legten sofort ihre Netze an Bord und erreichten den Hafen. Und von da an galt es als Gesetz, dass keine Besatzung nur aus einzelnen Männern bestehen dürfe; Es sollte mindestens ein verheirateter Mann an Bord sein, und niemand war durch seine Anstellung verpflichtet, in demselben Südmeer zu fischen, das von diesem Tag an „Das Meer des Blutes" genannt wurde.

Was die Hexe betrifft, so sagten sie, sie hätte den Sturm durch ihre Zaubersprüche ausgelöst, und sie brachten sie auf den Gipfel des großen Berges Slieu Whallian, steckten sie in ein mit Stacheln versehenes Fass und rollten sie von oben nach unten, wo das Fass versank Das Moor. Viele, viele lange Jahre lang gab es einen kahlen Pfad den steilen Berghang hinunter, auf dem weder Gras noch Leng oder Stechginster wuchsen. Sie nannten es „Der Weg der Hexe" und sie sagen, dass ihre Schreie jedes Jahr am Tag ihrer Hinrichtung in der Luft zu hören sind.

DAS ALTE WEIHNACHTEN

Zu Zeiten unserer Großmütter galt der alte Weihnachtstag, der fünfte Januar, als das wahre Weihnachten. Am Vorabend des Schwarzen Thomas, dem ersten Tag der Weihnachtsfeiertage, mussten alle Spinnräder weggeräumt werden, die Herstellung von Netzen wurde eingestellt und bis nach dem Zwölften Tag durften keinerlei Arbeiten durchgeführt werden.

Aber es gab einmal eine alte Frau namens Peggy Shimmin in Ballacooil, und sie wollte unbedingt etwas Spinnen, das sie begonnen hatte, zu Ende bringen, und so sagte sie sich am alten Weihnachtsabend:

„Das neue Weihnachtsfest ist vorbei und es ist sicherlich nicht falsch, heute Abend ein bisschen zu spinnen", obwohl sie in ihrem Herzen bezweifelte, ob sie nicht sündigte. Als er und die anderen im Bett lagen, rief sie ihre junge Magd, Lil Margad, und sagte:

„Margad, ich und du werden das Spinnen heute Abend beenden." Margad hatte schreckliche Angst, aber sie stieg aus ihrem Rad und setzte sich neben ihre Herrin. Die beiden begannen zu spinnen, und sie drehten und spinnten bis kurz vor Mitternacht, und siehe da, kurz vor Mitternacht sah die alte Peggy, wie der Flachs, den sie aus dem Spinnrocken zog, immer schwärzer wurde, bis er so schwarz wie Teer war. Aber Margads Flachs änderte seine Farbe nicht, weil sie nur getan hatte, was ihre Herrin ihr befohlen hatte. Peggy ließ den Flachs schnell fallen, steckte ihr Rad weg und kroch voller Angst ins Bett. Sie wusste jetzt, welches der wahre Weihnachtstag war, und nie wieder drehte sie sich um den alten Weihnachtsabend.

Margad blieb allein in der Küche zurück, als ihre Herrin zu Bett gegangen war, und zitterte zunächst vor Angst; Aber sie war ein mittelmäßig mutiges Mädchen, und da es niemanden gab, der sie aufhalten konnte, kam sie auf die Idee, herauszufinden, ob alles wahr sei, was sie über den Alten Weihnachtsabend gehört hatte.

„Sie sagen", dachte sie, „dass die Bienen herauskommen, die dreijährigen Ochsen auf die Knie gehen und die Myrrhe blüht." Dann sagt sie sich:

„Ich denke, ich gehe raus und beobachte die Myrrhe." Also legte sie sich einen Umhang um und kroch zur Tür hinaus in die kalte, frostige Mondnacht, und es war gerade Mitternacht, als sie ihren Fuß nach draußen setzte. Sie bückte sich, um nach der Stelle zu suchen, an der die Myrrhenwurzel vergraben war, und während sie hinsah, begann sich die Erde zu bewegen und zu knacken, und bald schossen zwei kleine grüne Triebe in die Luft. Sie beugte sich näher, um zu sehen, was passieren würde, und zu ihrer großen Verwunderung wuchsen die Blätter und Stängel vor ihren Augen groß und stark, und dann begannen sich die Knospen zu zeigen, und in wenigen

Minuten blühten die schönen weißen Blumen und der Garten süß mit ihrem Duft. Margad konnte zunächst nichts anderes tun, als sie anzustarren, aber schließlich wagte sie es, ein kleines Stück der Blüte zu pflücken, und sie behielt es ihr ganzes Leben lang als Glücksbringer. Dann ging sie zum Kuhstall und spähte durch die Tür. Sie hörte ein Stöhnen und da waren die jungen Ochsen auf den Knien und stöhnten, und der Schweiß tropfte von ihnen. Auch Margad kniete nieder und sprach ein kleines Gebet zum Heiligen Kind, das in einem Stall geboren wurde. Aber die Wunder waren noch nicht vorbei, denn als sie schweigend zum Haus zurückging, bemerkte sie, dass die Bienen sangen und um den Bienenstock flogen – sie waren wieder drinnen, als sie die Haustür hinter sich schloss.

Immer wenn die Nachbarn sie danach fragten, ob sie an die Wunder des alten Weihnachtsabends glaubte, antwortete sie:

„Ich weiß, dass es wahr ist, denn ich habe es selbst gesehen.“

DIE BUGGANE VON ST. TRINIANS

Vor langer Zeit kamen einige Mönche auf die weite, raue Wiese, die zwischen dem dunklen Greeba-Berg und der Hauptstraße liegt, und sie wählten einen schönen Ort und errichteten darauf eine Kirche zu St. Trinian. Aber sie rechneten ohne die Macht des Buggane, der im Berg sein Zuhause hatte. Der Buggane war mächtig wütend und sagte sich:

„Ich werde Tag und Nacht keine Ruhe mit ihren klingelnden Glocken haben, wenn ich sie das Gebäude fertigstellen lasse." Und da er nichts anderes zu tun hatte, kam es ihm in den Sinn, sich damit zu vergnügen, sich vom Dach zu werfen.

Als das Dach der Kirche zum ersten Mal aufgesetzt wurde, hörte man in derselben Nacht ein schreckliches Geräusch, und als die Leute von Greeba am nächsten Morgen früh aufstanden, fanden sie das Dach ihrer Kirche leer und überall Bretter und zerbrochene Balken . Nach einiger Zeit und mit großem Aufwand wurde das Dach wieder aufgesetzt. Doch als es eingeschaltet war, entstand in der Nacht ein großer Sturm, der von den Mauern heruntergeblasen wurde, genau wie zuvor. Dieser Sturz versetzte die Menschen in Angst und Schrecken, denn sie waren sich nun sicher, dass es der böse, zerstörerische Buggane selbst war, der das Unheil anrichtete. Doch obwohl sie große Angst hatten, beschlossen sie, einen weiteren Versuch zu unternehmen. und das dritte Dach war fast fertig.

Nun lebte etwa eine Meile von Greeba entfernt ein tapferer kleiner Schneider, und weil er nicht allzu viel weltliche Ausrüstung hatte, schloss er eine Wette ab, dass er, wenn das neue Dach dran wäre, nicht nur die erste Nacht in der Kirche verbringen würde, sondern auch Machen Sie dort ein Paar Reithosen. Die Wette wurde eifrig angenommen, da man hoffte, dass das Dach, wenn es eines Nachts stehen sollte, es bleiben würde.

Also ging Timothy – so hieß das Schneiderlein – gleich am ersten Abend nach dem Aufziehen des neuen Daches in die Kirche. Er fing gerade an, als der Schatten hinter den Hecken anfing grau zu werden. Er nahm Stoff, Nadel und Faden, Fingerhut und Schere mit. Er betrat mutig die Kirche, zündete ein paar große Kerzen an und schaute sich das ganze Gebäude an, um sicherzustellen, dass alles in Ordnung war. Dann schloss er die Tür ab, so dass es keinen Zugang mehr gab. Er schnitt das Tuch aus, setzte sich mit gekreuzten Beinen in den Altarraum, steckte seinen Fingerhut auf und machte sich an die Arbeit an der Hose. Er achtete nicht auf die Dunkelheit der einsamen Kirche mitten in der Nacht, sondern beugte sich mit langem Faden und Nadel tief über seine Arbeit, seine Finger bewegten sich schnell vor und zurück und warfen seltsame, verlockende Schatten auf die Wände. Die Hose musste fertig werden, sonst würde er seine Wette verlieren, also nähte er so schnell er konnte und dachte an das gute Geld, das die Leute ihm geben müssten.

Der Wind begann stärker zu werden, und Bäume schlugen mit ihren Armen gegen die Fenster. Der Schneider blickte vorsichtig von oben bis unten und umher. Es war nichts Seltsames zu sehen und er fasste Mut. Dann fädelte er den Faden in die Nadel ein und begann seine Arbeit erneut. Er warf einen weiteren scharfen Blick in die Runde, sah aber überhaupt nichts außer dem Schimmer des Ortes in der Nähe der Kerzen und der leeren, tiefen Dunkelheit dahinter. Da wuchs sein Mut und er sagte sich:

„Es ist alles nur Dummheit, was die Leute wegen des Buggane machen, denn schließlich gibt es so etwas nicht in."

Doch in diesem Moment bebte der Boden unter ihm und von unten drangen grollende Geräusche herauf. Die Geräusche wurden unten lauter und Timothy blickte schnell auf. Plötzlich brach ein großer Kopf direkt vor ihm ein Loch in das Pflaster und erhob sich langsam durch das Loch. Es war mit einer Mähne aus grobem schwarzem Haar bedeckt; Es hatte Augen wie Fackeln und glitzernde scharfe Stoßzähne. Und als sich der Kopf über das Pflaster erhob, starrten die feurigen Augen Tim grimmig an; Der große, hässliche, rote Mund öffnete sich weit, und eine schreckliche Stimme sagte:

„Du Schlingel, was hast du hier zu suchen?"

Tim achtete nicht darauf, sondern arbeitete noch härter, denn er wusste, dass er keine Zeit zu verlieren hatte.

„Siehst du meinen großen Kopf?" schrie der Buggane.

'Ich sehe ich sehe!' antwortete Tim spöttisch.

Ein großes, breites Paar Schultern hob sich, dann schoss ein dicker Arm hervor und eine große Faust zitterte vor dem Gesicht des Schneiders.

„Siehst du meine langen Arme?" brüllte die Stimme.

'Ich sehe ich sehe!' antwortete Tim kühn, und er unterbrach sein Schneiderhandwerk, um eine der flackernden Kerzen auszulöschen, und warf den brennenden Schnupftabak in das finstere Gesicht vor ihm. Anschließend widmete er sich seiner Schneiderei.

Der Buggane stieg immer weiter durch das Loch, bis die schreckliche Gestalt, schwarz wie Ebenholz und mit Falten bedeckt wie das Leder eines Schmiedeblasebalgs, ganz aus dem Boden ragte.

„Siehst du meinen großen Körper?" brüllte der Buggane, wütend darüber, dass Tim keine Angst vor ihm zeigte.

'Ich sehe ich sehe!' antwortete der Schneider und nähte gleichzeitig mit aller Kraft an den Hosen.

„Siehst du meine scharfen Krallen?" brüllte der Buggane mit wütenderer Stimme als zuvor.

'Ich sehe ich sehe!' antwortete der kleine Schneider erneut, ohne den Blick zu heben, und fuhr mit aller Kraft fort, sich herauszuziehen.

„Siehst du meinen gespaltenen Fuß?" donnerte der Buggane, hob einen großen Fuß und setzte ihn mit einem dumpfen Knall auf dem Bürgersteig auf, der die Wände zum Beben brachte.

'Ich sehe ich sehe!' antwortete der kleine Schneider wie zuvor, nähte kräftig an den Hosen und machte lange Stiche.

Der Buggane hob seinen anderen Fuß und schrie voller wütender Wut:

„Sehen Sie meine rauen Arme, meine knochigen Finger, meine harten Fäuste, meine –?"

Bevor er eine weitere Silbe aussprechen oder den anderen Fuß aus dem Boden ziehen konnte, sprang der kleine Schneider schnell auf und machte zwei Stiche zusammen. Die Hose war endlich fertig, dann sprang er mit einem Sprung durch das nächste Fenster. Doch kaum war er außerhalb der Mauern, als das neue Dach mit einem fürchterlichen Krachen einstürzte, was Tim viel flinker als je zuvor springen ließ. Als er hinter sich das teuflische Gelächter des Buggane hörte, machte er sich auf den Weg und raste mit den Hosen unter den Armen und dem wütenden Buggane in voller Verfolgungsjagd die Douglas Road entlang. Der Schneider machte sich auf den Weg zur Marown-Kirche, die nur ein kleines Stück entfernt lag, und wusste, dass er in Sicherheit sein würde, wenn er nur den Kirchhof erreichen könnte. Er rannte noch schneller, erreichte die Mauer, sprang darüber wie ein gejagter Hase und fiel müde und erschöpft auf das Gras im Schatten der Kirche, wohin der Buggane nicht folgen konnte.

Das Monster war darüber so wütend, dass es seinen eigenen Kopf mit beiden Händen packte, ihn von seinem Körper riss und ihn über die Mauer hinter dem Schneider herfliegen ließ. Es platzte mit einer gewaltigen Explosion vor seinen Füßen, und damit verschwand der Buggane und wurde danach weder gesehen noch gehört. Es ist wunderbar zu erzählen, dass der Schneider unverletzt blieb und die Wette gewann, denn niemand murrte über die wenigen langen Stiche in den Hosenbeinen.

Und was die St. Trinian-Kirche betrifft, so trägt sie von diesem Tag bis heute keinen Namen außer Keeill Vrisht – kaputte Kirche –, denn ihr Dach wurde nie ersetzt. Dort steht es auf der grünen Wiese im Schatten des felsigen Berges Greeba, und dort sind jetzt seine grauen, dachlosen Ruinen zu finden.

KÖNIG MAGNUS BARFUSS

Magnus, Großneffe von Olaf dem Heiligen, war König von Norwegen in der Zeit, als die norwegischen Könige Herren über Mann waren, und er wurde Barfuß genannt, weil er Kilts trug. Er war der mutigste und schönste junge König seiner Zeit – groß und stark und strahlend wie ein Meteor. Er trug einen Helm auf dem Kopf und einen roten Schild mit einem goldenen Löwen darauf; In seinem Gürtel trug er ein überaus scharfes Schwert mit einem mit Gold eingelegten Elfenbeingriff und in der Hand einen scharfen Speer. Über seinem Panzer trug er eine rubinrote Tunika, bestickt mit einem goldenen Löwen. Er war eine schöne und tapfere Persönlichkeit. Er war es, der den Friedensbecher von König Olaf auf unsere Insel brachte, und so geschah es.

Eines Tages saß Magnus mit seinen Anführern beim Abendessen, und ihr Gespräch drehte sich um den wunderschönen Schrein von Olaf dem Heiligen, der ein Wunder seiner Zeit war. Sie sprachen miteinander darüber, wie gesagt wurde, dass Olafs Körper niemals durch den Tod zerstört werden würde, sondern wie im Leben bleiben würde und diejenigen, die am Schrein beteten, von jeder Krankheit heilen würde. Magnus lachte über die Geschichte und sagte kühn:

'Sehen ist Glauben; Lasst das Heiligtum geöffnet werden, damit wir selbst sehen können, ob die Geschichte wahr ist."

Da waren der Bischof und die Geistlichkeit entsetzt und flehten den König an: „Oh König, lass das nicht geschehen, es wird dir gewiss Unheil bringen."

Aber Magnus befahl:

„Der Schrein soll sofort geöffnet werden." Ich fürchte keinen lebenden oder toten Menschen.'

So wurde sein Wille getan und als der juwelengeschmückte Schrein geöffnet wurde, sahen alle den Körper des heiligen Olaf unbestechlich und schön daliegen, als wäre er lebendig. Magnus berührte es mit seinen Händen, wurde aber plötzlich von großer Angst erfasst. Er ging eilig weg, nahm aber den schönen Kristallbecher mit, der neben dem Heiligen lag.

In der nächsten Nacht hatte er im Schlaf eine Vision von König Olaf, majestätisch und streng, der zu ihm sagte:

„Wählen Sie, ich sage Ihnen, eines von zwei Dingen: Entweder Sie verlieren Ihr Königreich und Ihr Leben innerhalb von dreißig Tagen oder Sie verlassen Norwegen und sehen es nie wieder."

Magnus erwachte und rief seine Häuptlinge und großen Männer zu sich, um ihnen von seiner Vision zu erzählen.

„Oh König", riefen sie voller Angst. „Verlassen Sie Norwegen schleunigst und behalten Sie Ihr Leben und Ihr Königtum."

Also stellte Magnus, der letzte unserer großen Seekönige, eine Flotte von 160 Langschiffen zusammen, jedes mit zwanzig oder dreißig Ruderbänken und mit Bugs, die in Form von Drachen geschnitzt waren. Er liebte das Meer und wie ein echter Wikinger pflegte er zu sagen:

„Ich werde niemals unter einem verrußten Sparren schlafen oder in der Kaminecke trinken."

Er segelte zu den Orkneys; er eroberte sie und alle westlichen Inseln und kam nach Mann. Er legte auf der St. Patrick's Isle an und besuchte den Ort der Schlacht von Santwat in der Nähe von Peel, die drei Tage zuvor zwischen den Manx im Norden und im Süden ausgetragen worden war. Die Schönheit unserer Insel gefiel seinen Augen und er wählte sie als seinen Wohnort. Er ließ die Männer von Galloway Holz fällen und herüberbringen, um drei Festungen für ihn zu bauen. In einem von ihnen, in der Nähe von Douglas, stellte er den Kelch des Friedens auf, von dem er wusste, dass er von der Lhiannan Shee, der Friedensfee, gut bewacht werden würde, die ihn nie verließ.

Dann segelte er nach Anglesey und machte sich dort zum Herrn, kehrte aber bald auf die Isle of Mann zurück, denn diese gefiel ihm am besten. Bei seiner Rückkehr schickte er seine schmutzigen Schuhe mit dieser Nachricht an Morrough, den König von Irland:

„Magnus Barfuß, König von Norwegen und den Inseln, befiehlt dir, am Weihnachtstag in deinem königlichen Staat seine schmutzigen Schuhe auf deinen Schultern durch dein Haus zu tragen und zuzugeben, dass du dein Königreich und deine Macht vom Herrn von Norwegen und den Inseln hast." Und das musst du vor den Augen seiner Gesandten tun.'

Als die Iren das hörten, waren sie wütend und empört, aber der weise König Morrough sagte:

„Ich werde die Schuhe nicht nur tragen, sondern auch essen, anstatt dass Magnus eine einzige Provinz in Irland ruiniert."

Dann trug er die Schuhe am Weihnachtstag, wie Magnus es befohlen hatte, behandelte die Boten mit Ehre und schickte sie mit vielen schönen Geschenken für ihren König nach Mann zurück, mit dem er einen Friedensvertrag schloss. Aber die Gesandten erzählten ihrem Herrn vom Reichtum der irischen Länder und der angenehmen Luft, und Magnus behielt es im Gedächtnis.

Danach sandte ihm der König von Schottland eine Nachricht mit den Worten:

„Hör auf, Krieg gegen mich zu führen, und ich werde dir die westlichen Inseln überlassen, die du vom Festland aus in einem Schiff mit Paddelruder umrunden kannst."

Magnus schloss zu diesen Bedingungen Frieden und so eroberten die nordischen Könige die südlichen Inseln, zu denen sie auch die Halbinsel Cantyre zählten, weil Magnus, der am Ruder saß, sein großes Kriegsschiff über die Landzunge ziehen ließ, die es mit dem Festland verbindet . Seine Wikinger jubelten vor Triumph, als sie das Schiff zogen, während ihr junger König in Rot und Gold am Heck lachte.

Aber die ganze Zeit über konnte Magnus in seinem Herzen nur an die Eroberung Irlands denken. Er segelte zur Küste von Down, wo er mit der Invasion und Plünderung begann. Am Bartholomäusfest 1103 fand seine letzte Schlacht statt. Die Iren hatten versprochen, ihm am Vortag Vieh für seine Truppen zu bringen, aber da sie nicht gekommen waren, ließ er seine Männer landen und marschierte mit ihnen auf die Spitze eines kleinen Hügels in der Ebene von Coba. Von hier aus konnte er das ganze Land überblicken, und plötzlich erschien in der Ferne eine große Staubwolke. Einige seiner Männer sagten, dass es sich um eine Armee handelte, die sich näherte, andere, dass es sich um eine Rinderherde handelte. Letztere hatten Recht, und als das Vieh übergeben worden war, kehrten Magnus und seine Männer zu seinen Schiffen zurück. Es war jetzt Mittag eines ruhigen und sonnigen Tages. Als sie die Sümpfe erreichten, stürzte plötzlich eine Gruppe Iren aus ihrem Hinterhalt in einem nahegelegenen Wald hervor und griff sie heftig an.

Magnus befahl seinem Häuptling Eyvinder, die Trompete zu ertönen und seine Männer um die königliche Standarte herumzurufen. Er befahl ihnen, mit überlappenden Schilden ihre Reihen zu schließen, bis sie den trockenen Boden erreichten, wo sie in Sicherheit wären. Sie gelangten bis zu einer alten Festung, doch die Iren bedrängten sie und töteten viele von ihnen. Dann rief der König einem Häuptling namens Thorgrim zu:

„Überqueren Sie mit Ihrer Kohorte den Wall und besetzen Sie mit Ihren Bogenschützen den gegenüberliegenden Hügel, bis wir uns Ihnen anschließen."

Thorgrim und seine Männer taten, was ihnen gesagt wurde, und gingen hinüber, aber als sie hinüberkamen, legten sie ihre Schilde auf den Rücken und flohen zu den Schiffen. Als Magnus sie sah, rief er:

„Laufst du so, du Feigling? Es war ein Narr, dich statt Sigurd zu schicken, der mich so nicht im Stich lassen wollte.'

Magnus kämpfte wie ein Löwe, doch schon bald wurde er von einem Speer durch den Oberschenkel durchbohrt. Er zog es heraus, zerbrach es unter seinen Füßen und rief:

„So brechen wir, junge Krieger, diese Zweige." Kämpfe tapfer weiter, meine Männer, und fürchte keine Gefahr für mich.'

Seine Männer baten ihn, zu versuchen, sich selbst zu schonen, aber er sagte:

„Besser für ein Volk, einen tapferen König zu haben als einen alten König!"

Und als er dies sagte, starb er als Erster in der Schlacht.

MANANNAN MAC Y LEIRR

Manannan *Beg* war Sohn von Leirr,

Er war der Erste, der Mann hatte;

Aber wie es mir scheint,

Er selbst war nur ein Heide.

Es war nicht mit seinem Schwert, dass er sie behielt,

Weder mit seinen Pfeilen noch mit seinem Bogen;

Aber wenn er Schiffe segeln sah,

Er verbarg sie rundherum mit einem Nebel.

Er hatte einen Mann auf eine Stirn gesetzt,

Man könnte meinen, es wären hundert;

Und so bewachte das wilde Manannan

Diese Insel mit all ihrer Beute.

Die Miete zahlte jeder aus dem Land

War ein Bündel grüner Binsen;

Und das war eine Steuer, die ihnen auferlegt wurde

Im ganzen Land jeden Johannisabend.

Einige gingen mit den Binsen hinauf

Der große Berg oben bei Barrule;

Andere würden das Gras unten lassen,

Mit Manannan oberhalb von Keamool.

So lebten sie also, glaube ich

Mir selbst ist ihr Tribut sehr klein,

Ohne Sorge oder Angst,

Oder Wehen, die Müdigkeit hervorrufen.

Alte Ballade.

MANANNAN MAC Y LEIRR

Manannan Mac y Leirr, der Sohn des Meeres, war der erste Herrscher von Mann. Er war ein großer Zauberer und er war so mächtig, dass man ihn später als Gott betrachtete. Er hatte eine große Steinfestung auf Peel Island und konnte einen Mann, der auf den Zinnen stand, wie hundert erscheinen lassen. Wenn er die Schiffe seiner Feinde segeln sah, bedeckte er die Insel rundherum mit silbernem Nebel, so dass man sie nicht sehen konnte; und wenn sich seine Feinde trotz des Nebels näherten, warf er Späne ins Wasser und verwandelte sie in Schiffe. Eines Tages machte er einen Spaziergang auf Barrule, als er sah, dass die Kriegsschiffe der Nordmänner in der Bucht von Peel lagen. Und damit nahm er die Form von drei Beinen an und rollte wie ein Rad mit der Geschwindigkeit des Windes vom Berggipfel hinunter. Es war gerade Ebbe im Hafen und ein Strom glitzernden Wassers floss ins Meer hinaus. Jetzt waren die Ufer des Baches sumpfig, und am Flussufer wuchs eine Menge Seggen mit breiten, grünen Blättern. Also baute Manannan kleine Boote aus dem Seggengras, eine ganze Menge davon, und ließ seine Boote im Bach segeln. Und als die kleine Flotte aus dem Hafen schwamm, ließ er sie wie große Kriegsschiffe aussehen, gut besetzt mit kämpfenden Männern. Als die Nordmänner dann die Manx-Flotte sahen, erfasste sie Schrecken. Sie durchtrennten die Kabel, hissten die Segel und machten sich so schnell sie konnten auf den Weg, und Manannan und seine Insel blieben in Frieden. So behielt er Mann, und nicht mit seinem Schwert oder Pfeil und Bogen.

In seiner Festung hatte er einen großen Bankettsaal, in dem hübsche Jungen süße Musik machten und andere Spiele spielten und große Kraftakte vollbrachten. Er hatte ein Pferd namens Enbarr mit der fließenden Mähne, das wie der Wind sowohl über das Meer als auch über Land reisen konnte, schnelle Hunde, die jedes wilde Tier fangen konnten, und ein Schwert namens „The Answerer", dessen Wunde immer tödlich war, außer seinem magischen Zweig und sein wunderbares Boot, Wave Sweeper.

Er regierte Mann lange, lange Jahre gut. Die Manx-Leute wurden von ihm bestens behandelt, und als Miete verlangte er nur, dass jeder von ihnen am Mittsommerabend ein Bündel grüner Binsen zu ihm auf den Berg von South Barrule brachte. Die Insel war ein glücklicher Ort voller Sonnenschein und aller angenehmen Dinge, und niemand dort war alt, müde oder traurig.

Manx-Männer haben Manannan nie vergessen, und in diesem Jahrtausend haben unsere Fischer das folgende Gebet zu ihm gebetet, als sie auf See fuhren. Schon zu Zeiten unserer Väter wurde es verwendet:

Manannan Beg Mac y Leirr—

Kleiner Manannan, Sohn des Meeres,

Wer hat unsere Insel gesegnet,

Segne uns und unser Boot, es geht uns gut.

Wir kommen besser rein, mit Lebenden und Toten in unserem Boot.

DER KORMORAN UND DIE FLEDERMAUS

Es gab eine Zeit in den alten Zeiten, da berieten sich der Kormoran und die Fledermaus gemeinsam, um etwas für die Armen zu tun, da sie Mitleid mit ihnen hatten, und sie gingen in die Täler, um Wolle zu sammeln, um Kleidung für sie herzustellen. Als sie eine Menge gesammelt hatten, nahmen sie ein Boot und fuhren aufs Meer hinaus. Als sie unterwegs waren, kam ein Sturm auf, und die Wellen brachen über das Schiff, so dass die arme Fledermaus von Ort zu Ort springen musste, um dem Wasser zu entkommen, und in der Dunkelheit wurde sie aus dem Boot geworfen zu einem Ruder. Bei Tagesanbruch war er in Ufernähe und flog an Land. Eine Möwe, die in der Nähe stand, fragte:

„Ach, kleiner Bat-Vogh, was soll das an dir, dass du so ein Thrimblin bist?" Als er die Geschichte der Fledermaus hörte, sagte er:

„So sicher wie möglich wird er dir das Leben nehmen, wenn er dir widerfährt." Sie hatten sich gegenseitig versprochen, dass einer den anderen nicht verlassen würde, bis sie ihre Aufgabe erfüllt hätten.

Die Fledermaus hatte solche Angst, dass sie sich in einer alten Ruine versteckte, bis die Dunkelheit hereinbrach; und von da an bis jetzt wird er sich nur im Schutz der Nacht hinauswagen.

Der Kormoran hielt das Boot fest, bis es sich mit Wasser füllte und auf den Meeresgrund sank. Schließlich flog er zu einem Felsen und saß dort Tag für Tag stundenlang zusammen und hielt Ausschau nach der Fledermaus. Zu anderen Zeiten ging er für eine Saison in die Täler; und so bleiben sie von diesem Sturm bis in die Gegenwart bestehen – der eine verbirgt sich, der andere sucht ihn.

CAILLAGH-NY-FAASHAGH ODER DER PROPHETEN-ZAUBERER

In den alten Zeiten, als es auf der Isle of Mann Zauberer und Hexen gab, war Caillagh-ny-Faashagh der größte Zauberer von allen. Er lebte nicht über der Erde, sondern in einem Steinbruch, in einem Loch unter dem Felsen an einem einsamen Berghang, und deshalb nannten ihn die Leute den Propheten, den Zauberer der Wildnis. Bei Einbruch der Dunkelheit streifte er über die Berge, und wenn die Nacht hereinbrach, hörten die Leute, die dort spazieren gingen, ihn „Hoa, hoa, hoa!" rufen. wie das Brüllen einer Ziege, mit einer so schrecklichen und starken Stimme, dass die Erde und alle, die sie hörten, vor Angst zitterten. Er konnte sich in jede beliebige Form verwandeln; manchmal war er eine Ziege mit großen, feurigen Augen; zu anderen Zeiten ein großer, großer Mann. Einmal, als er noch eine Ziege war, folgte er einem Mann, der die Bergstraße entlangging, und dieses Mal hatte er Augen, die so groß waren wie zwei Schüsseln. Der Mann trug eine Laterne, und als er sie von einer Hand in die andere schob, folgte ihr die Ziege von einer Seite zur anderen. Der Mann hatte Angst und begann zu rennen. Sobald er die Bergstraße verließ, brüllte das Tier hinter ihm her: „Hoa, hoa, hoa!"

Ein anderes Mal folgte er in Gestalt eines großen, großen Mannes, so groß wie zwei Männer, einer Frau, die am Garey-Mooar über den Berg schlug, und er hatte große, große, brennende Augen, so groß wie zwei Teller Kopf. Die Frau rannte mit aller Kraft, um Leben und Tod, und er rannte ihr brüllend nach: „Hoa, hoa, hoa!" Aber als sie vom Berg abstieg, kam er nicht weiter.

Er war ein großer Wahrsager, aber er würde nicht vorhersagen, was passieren würde, es sei denn, jemand fragte ihn. Es scheint, dass er Hunderte von Jahren gelebt haben muss, denn er sagte eine Schlacht voraus, die im Jahr 1098 ausgetragen wurde. Dabei handelte es sich um die Schlacht von Santwat, „Sandfurt", zwischen der Nord- und Süd-Manx. Er sagte:

Der Fluss Neb wird rot von Glen Crew bis zum Meer fließen,

Und Möwen werden sich am Blut von Manninee satt schlürfen.

Es ist alles wahr geworden. Die Männer aus dem Norden segelten nach Peel und fuhren mit ihren Booten mit flachem Boden zum Glenfaba Ford, wo die Männer aus dem Süden ihnen entgegenkamen, um sie von der Landung abzuhalten. Sie kämpften flussaufwärts bis zum Glen Crew, wo es zu einem großen Gemetzel kam und die Leichen der Erschlagenen den Bach aufstauten und das kleine Tal in einen Teich verwandelten. Das Wasser des Neb war durch Manx-Blut gerötet, als es in die Peel Bay mündete. Die Frauen auf der Südseite waren den Männern gefolgt und beobachteten die Schlacht aus einiger Entfernung, aber als sie sahen, dass die Nordleute siegten, stürmten sie mit Steinen und Hacken ins Herz des Kampfes und gewannen der Tag für den Süden. Und es wurde ein Gesetz erlassen, dass fortan die Witwen im Süden der Insel die Hälfte des Vermögens ihres Mannes erhalten sollten; aber die Frauen auf der Nordseite, die zu Hause blieben, sollten nur ein Drittel bekommen.

Der Prophet-Zauberer sagte auch den Fund von Bleiminen in Foxdale voraus. Ein Mann kam zu ihm und fragte:

„Wie werde ich reich, o Caillagh-ny-Faashagh?"

Und der Zauberer antwortete:

In Ballafesson gibt es einen Hintern, der so viel wert ist wie ganz Balladoole.

Doch hinter Barrule verbergen sich die Reichtümer der Isle of Mann.

Er gab diese Prophezeiung auch dem alten Weber Juan, der ihn um eine bat:

Am Fuße von Barrule wird es eine Marktstadt geben,

Mullin-y-Cleigh mit Blut für vierundzwanzig Stunden wird sich umdrehen.

Jetzt liegt das Dorf Foxdale am Fuße von Barrule, und es heißt, dass in alten Zeiten am Bach oberhalb von Mullin-y-Cleigh, der Mill-by-the-Hedge, eine große Schlacht zwischen den Manx und den Iren ausgetragen wurde .

Einem Peel-Mann sagte er voraus:

„Bei Creg Malin wird es eine Schlacht zwischen den Iren und den Manx geben." Und die alten Fischer sagen, dass diese Schlacht vor zweihundert Jahren stattgefunden hat. Es war ein Sonntag, als die Iren in die Bucht kamen und keinen Platz fanden, an dem sie ihre Boote auf den Strand setzen konnten. Deshalb ließen sie die Manx-Boote treiben und dachten, sie hätten den Platz für sich allein. Aber sie fanden bald ihre Meister. Die Manx-Männer verfolgten ihre Boote, und da war die Schlacht – rotes Blut floss wie Wasser! Und die Schlacht war an diesem Tag noch nicht zu Ende, aber sie kämpften um Douglas herum und endeten schließlich in Derby Haven, sagen die alten Fischer.

Dann gab es eine alte Jungfer, die einen Cressad (einen Schmelztiegel) hatte und von Haus zu Haus ging, um Bleilöffel herzustellen. Sie war ein bisschen seltsam; Sie rauchte weder an einem sonnigen Tag noch an einem nebligen Tag noch an einem nassen Tag noch an einem windigen Tag einen Schimmel. Sie muss einen Tag Zeit haben, um sich anzupassen. Sie traf den Caillagh, als er die Gestalt einer Ziege hatte, und bat ihn, das Ende der Welt vorherzusagen. Er sagte das vor dem letzten:

„Die Berge von Mann werden mit Straßen durchschnitten, und eiserne Pferde werden darüber galoppieren, und auf dem Gipfel des Snaefell wird es ein Gasthaus geben.“

Das ist alles wahr geworden; Züge rauschen über die Insel und ganz sicher gibt es das Gasthaus auf dem Gipfel unseres höchsten Berges. Er sagte auch:

„Mann und Schottland werden sich so nahe kommen, dass zwei Frauen, eine in Mann und eine in Schottland, eine Decke zwischen ihnen ringen können.“ Doch das ist noch nicht geschehen, obwohl sich der sandige Point of Ayre immer weiter in Richtung Mull of Galloway ausdehnt.

Und eine weitere seiner Prophezeiungen ist noch nicht eingetroffen:

„Die Oberherrscher von Mann werden zur Flucht gezwungen sein.“

Aber es wird alles vor dem Ende sein.

DIE STADT UNTER MEER

Wo nun Langness seine lange Nase ins Meer streckt und an einem Ort, der jetzt immer von den Wellen bedeckt ist, befand sich einst eine schöne Stadt mit vielen Türmen und vergoldeten Kuppeln. Von seinem Hafen aus segelten große Schiffe in alle Teile der Welt, und um ihn herum lagen üppige Weideflächen mit Rindern und Schafen. Auch heute noch sehen Seeleute es manchmal durch das klare, tiefe Wasser und hören undeutlich das Blöken von Schafen, das Bellen von Hunden und das gedämpfte Läuten von Glocken – „Nane, jees, three, kiare, queig." Aber kein Mensch kann durch seine Straßen gehen.

Es war einmal, als es auf der Isle of Mann noch Riesen gab, hatte Finn Mac Cool sein Zuhause in der Nähe dieser Stadt. Er lebte am Sund, um Erinn im Auge zu behalten und das Meer zu beobachten. Aber er war sehr selten in Mann, und wo immer er war, trieb er immer Unheil an, so dass er viele Feinde hatte. Eines Tages hatte er es so eilig, sein Zuhause zu erreichen, dass er von Erinn sprang und auf der Insel auf den Felsen über dem Sund landete. Er stürzte mit solcher Kraft herab, dass er seine Fußspuren im harten Stein hinterließ, und der Ort wird seitdem Slieu ynnyd ny Cassyn oder Berg des Ortes der Füße genannt. Seine erste Tat, als er nach Hause kam, bestand darin, bei den Menschen in der Stadt in der Nähe in Wut zu geraten; Sein nächster Akt bestand darin, sie alle in Granitblöcke zu verwandeln. In seiner Leidenschaft schlug er mit seiner Keule so heftig auf den Boden, dass er eine große Delle darin hinterließ – die Wellen stürzten in die tiefe Senke und das tosende Meer übertönte den Lärm der Stadt. Seine Türme und Kuppeln waren vom grünen Wasser bedeckt; seine Straßen und sein Marktplatz, sein Hafen und seine überfüllten Kais verschwanden aus dem Blickfeld. Und da liegt es bis heute.

Aber es gibt eine seltsame Geschichte über einen Mann, der vor mehr als zweihundert Jahren dorthin ging. Ein Schiff war in dieser Gegend auf der Suche nach einem versunkenen Schatz und dieser Mann wurde in einer Art alter Taucherglocke auf den Meeresgrund gelassen. Er sollte an dem Seil ziehen, wenn er weiter heruntergelassen werden wollte. Er zog und zog, bis die Männer auf dem Schiff wussten, dass er so tief unten im Meer war wie der Mond hoch oben am Himmel; Dann gab es kein Seil mehr und sie mussten ihn wieder hochziehen. Als er an Deck war, sagte er ihnen, dass er die wunderbarsten Entdeckungen gemacht hätte, wenn er weiter gegangen wäre. Sie flehten ihn an, ihnen zu erzählen, was er gesehen hatte, und als er eine Tasse Wein getrunken hatte, erzählte er seine Geschichte.

Zuerst war er durch die Gewässer gegangen, in denen die Fische leben; Dann kam er in die klare und friedliche Region, in der es nie zu Stürmen kommt, und sah den Boden der Welt unter dem Meer mit Korallen und hellen Kieselsteinen glänzen. Als die Taucherglocke auf dem Boden ruhte, schaute er durch ihre kleinen Fenster und sah große Straßen, geschmückt mit Säulen aus Kristall, die wie Diamanten glitzerten, und wunderschöne Gebäude aus Perlmutt, in die Muscheln in allen Farben eingelassen waren. Er sehnte sich danach, in eines dieser schönen Häuser zu gehen, aber er konnte seine Taucherglocke nicht verlassen, sonst wäre er ertrunken. Es gelang ihm, es nahe an den Eingang einer großen Halle zu bringen, mit einem Boden aus Perlen und Rubinen und allerlei Edelsteinen sowie einem Tisch und Stuhl aus Bernstein. Die Wände waren aus Jaspis, und daran hingen Ketten voller schöner Juwelen. Der Mann wollte etwas mitnehmen, aber er konnte sie nicht erreichen – das Seil war zu Ende. Als er wieder in die Luft aufstieg, traf er auf viele hübsche Wassermänner und wunderschöne Meerjungfrauen, aber sie hatten Angst vor ihm und schwammen so schnell sie konnten davon.

Das war das Ende der Geschichte des Mannes. Danach wurde er so traurig und sehnte sich danach, in die Welt unter dem Meer zurückzukehren und dort für immer zu bleiben, dass ihm alles auf Erden egal war und er bald vor Kummer starb.

EIN ALTER ANHÄNGER GEGEN DIE FEEN

Friede Gottes und Friede der Menschen,

Friede Gottes auf Columb-Killey,

An jedem Fenster und jeder Tür,

An jedem Loch lässt Mondlicht herein,

An den vier Ecken des Hauses,

An der Stelle meiner Ruhe,

Und Friede Gottes mit mir selbst.

DAS ENDE

www.ingramcontent.com/pod-product-compliance
Lightning Source LLC
Chambersburg PA
CBHW031128160726
47987CB00027B/2547